Νύφες

ΤΗΣ ΙΔΙΑΣ ΣΤΙΣ ΕΚΔΟΣΕΙΣ ΜΑΣ

⁂

Η κυρία Κατάκη, διηγήματα, 1995
Μικρά Αγγλία, μυθιστόρημα, 1997
Κουστούμι στο χώμα, μυθιστόρημα, 2000
Ο άγιος της μοναξιάς, μυθιστόρημα, 2003

ΙΩΑΝΝΑ ΚΑΡΥΣΤΙΑΝΗ

ΝΥΦΕΣ

Σενάριο

ΔΕΚΑΤΗ ΕΚΔΟΣΗ

ΕΚΔΟΣΕΙΣ ΚΑΣΤΑΝΙΩΤΗ

Φωτογραφίες: Γεράσιμος Νεόφυτος

Έτος 1ης έκδοσης: 2004

ΕΚΔΟΣΕΙΣ ΚΑΣΤΑΝΙΩΤΗ Α.Ε.
Ζαλόγγου 11, 106 78 Αθήνα
☎ 210-330.12.08 – 210-330.13.27 FAX: 210-384.24.31
e-mail: info@kastaniotis.com

www.kastaniotis.com

ISBN 960-03-3849-3

ΠΕΡΙΕΧΟΜΕΝΑ

1. Σαμοθράκη, λόφος με θέα στο λιμάνι – απόγευμα

Μια νέα γυναίκα στα μαύρα, λεπτή 25χρονη με αυστηρή ομορφιά, η Νίκη, τρέχει σαν γοργόφτερο πουλί στην κατηφόρα του λόφου και ο αέρας τής σηκώνει το φουστάνι.

Το ποστάλι «Παναγίτσα» πλησιάζει στο λιμάνι.

2. Λιμάνι, Σαμοθράκη – απόγευμα

Η Νίκη κατηφορίζει στην προκυμαία προς το ποστάλι. Αποφεύγει τα βλέμματα των άλλων.

Η «Παναγίτσα» αγκυροβολεί και δένει. Όλες οι διαδικασίες γίνονται μάνι-μάνι. Η συνηθισμένη κίνηση: δυο κάρα, νησιώτες, επιβάτες, ναυτικοί.

Η Νίκη κοιτάζει ανυπόμονα προς το καΐκι και αναμένοντας παίζει με το βαφτιστικό ΣΚΟΥΛΑΡΙΚΑΚΙ της. Έχουν κατέβει όλοι οι επιβάτες εκτός από την Ελένη, 28 χρόνων, κι εκείνη στα μαύρα.

ΝΙΚΗ

(φωνάζει)

Άντε, Ελένη. Κατέβα.

Η Ελένη παίρνει ένα μπαουλάκι και επιτέλους κατεβαίνει. Η Νίκη κοιτάζει την Ελένη ερωτηματικά από την κορφή ως τα νύχια. Είναι χλωμή κι αδύνατη.

ΝΙΚΗ

Θεέ μου... Τι συνέβη αδελφούλα μου;
Μα τι σου έκανε αυτός ο άνθρωπος;

Αγκαλιάζονται. Η Ελένη κλαίει με πνιχτά αναφιλητά.

3. Αυλή σπιτιού Νίκης, Σαμοθράκη – απόγευμα

Μικρό φτωχικό σπίτι σε ύψωμα. Στη χωμάτινη αυλή κάπου είκοσι ασπρισμένοι ντενεκέδες με γαριφαλιές. Καθισμένοι στο χαμηλό πεζουλάκι δεκαπέντε συγγενείς.

Η Νίκη τους κερνάει καφέ και νερό και μετά πάει και κάθεται κοντά στις τρεις αδελφές της, την Ελένη και τις δύο μικρότερες, κάτω από τα 20, όλες μαυροφορεμένες. Το πρόσωπο της Ελένης στραμμένο αλλού.

Ένας πενηντάρης θείος με σκασμένο δέρμα βγάζει από την τσέπη του το μαντίλι του. Το σιδερώνει με τα χέρια πάνω στο γόνατό του.

ΘΕΙΟΣ

Μα να ξεγλιστρήσει μέσα από τα χέρια μας; Να πάει χαμένος κοτζάμ ράφτης; Κοτζάμ Σικάγο;

ΝΟΝΑ ΝΙΚΗΣ

Κοτζάμ Αμερική;

ΘΕΙΟΣ

Κορόιδο.

ΕΛΕΝΗ

Δεν άντεξα θείε...

ΝΟΝΑ ΝΙΚΗΣ

Ο Θεός γέμισε το σόι μας κόρες. Σαν ακρίδες. Κι ούτε προίκες, ούτε γαμπροί. Ας όψεται ο πόλεμος. Στο ράφι θα ξεμείνουνε τα πουλάκια μας.

ΘΕΙΟΣ

Οχτώ ξαδέρφες της παντρειάς. Να του στείλουμε λοιπόν μιαν άλλη αυτουνού του Πρόδρομου.

Σωπαίνει για λίγο.

ΘΕΙΟΣ

(αποφασιστικά)

Αυτή τη φορά απ' τη δικιά μου οικογένεια. Η Αλεξάνδρα μου είναι έτοιμη να πάει και στην άκρη του κόσμου.

(στην κόρη του)

Αλεξάνδρα... Πες το και μόνη σου.

Η Αλεξάνδρα, καθισμένη ανάμεσα στις ξαδέρφες της, σκύβει το κεφάλι.

ΘΕΙΟΣ

Πάτησε και τα 27.

ΑΛΕΞΑΝΔΡΑ

(ντροπαλή)

Τα 29.

ΘΕΙΟΣ

Σιωπή. Τα 27 θα λέμε.

ΜΑΝΑ ΝΙΚΗΣ

Εγώ αδερφέ, έχω τέσσερις ανύπαντρες και είμαι χήρα. Θέλω άλλη μια ευκαιρία. Η νονά της Νίκης ξέρει ότι χρειάζομαι περισσότερη βοήθεια.

ΝΟΝΑ ΝΙΚΗΣ

(απαλά)

Η σειρά σου, Νίκη. Ο Πρόδρομος είναι τίμιος άνθρωπος. Και τώρα ξέρεις και πιο πολλά αγγλικά. Θα σου μάθω κι άλλα.

ΘΕΙΟΣ

(απογοητευμένος)

Εμάς τι μας φωνάξατε τότε, αν το 'χετε κιόλας αποφασίσει;

Κάνει νόημα στις κόρες του να σηκωθούν.

ΘΕΙΟΣ

Είναι αδικία. Και ο Θεός αυτά τα βλέπει.

Η Νίκη και η Αλεξάνδρα ανταλλάσσουν ματιές. Ο θείος και οι δύο κοπέλες φεύγουν. Βαριά ατμόσφαιρα. Η μάνα της Νίκης κοιτάζει την κόρη της με ντροπή.

ΝΟΝΑ ΝΙΚΗΣ

(στη Νίκη)

Αυτή τη φορά δε θα γίνουν λάθη.

Η Νίκη μένει αμίλητη μα τα μάτια της λένε πολλά.

4. Σμύρνη, αυλόγυρος εκκλησίας – ημέρα

Ένα πελώριο ΔΕΝΤΡΟ με χιλιάδες χρωματιστά ΚΟΥΡΕΛΑΚΙΑ δεμένα στα κλαδιά του. Εφτά παιδιά, 5-8 χρόνων, Τουρκάκια, φωνάζουν και τρεχοβολούν γύρω γύρω.

ΝΟΡΜΑΝ

Έ παιδιά! Τι είναι τούτο το δέντρο;

Ο Νόρμαν Χάρρις, 35-40 χρόνων, ψηλός, νευρώδης, με μια φωτογραφική μηχανή περασμένη στο λαιμό του, στέκεται έξω από την αυλή της εκκλησίας και κοιτάζει το δέντρο με περιέργεια. Εντυπωσιασμένος, πηδάει πάνω από το φράχτη, πλησιάζει και αγγίζει με τα δάχτυλα μερικά κουρέλια.

Τα παιδιά τού πετάνε σκόρπιες τούρκικες λέξεις.

Ο Νόρμαν στέκεται κάτω από τα κλαδιά με τα εκατοντάδες κουρελάκια και ετοιμάζει τη μηχανή του. Τραβάει φωτογραφίες από διαφορετικές γωνίες, μουρμουρίζοντας ένα ανατολίτικο τραγούδι.

Ένα κοριτσάκι με κόκκινο φουστάνι τού διορθώνει δυο-τρεις λέξεις. Τον πλησιάζει αργά, του δείχνει το λευκό μαντίλι που κρέμεται από την τσέπη του και του κάνει νοήματα να το κρεμάσει στο δέντρο.

Ο Νόρμαν χαμογελάει και δένει το μαντίλι σ' ένα κλαρί. Απλώνει το γυμνό του μπράτσο και νιώθει κάποιες ψιχάλες. Μια δυνατή μπόρα αρχίζει.

Τα παιδιά ξετρελαμένα περικυκλώνουν τον Νόρμαν σαν σβούρες.

Ο Νόρμαν γελώντας τους ξεγλιστράει και ανεβαίνει στο καμπαναριό για την τελευταία φωτογραφία. Ο ήχος της καμπάνας τον ξαφνιάζει. Κοιτάζει κάτω και βλέπει τα παιδιά, μούσκεμα, να τσιρίζουν και να χοροπηδούν.

Το κοριτσάκι με τα κόκκινα τραβάει μ' όλη του τη δύναμη το σκοινί της καμπάνας. Ο Νόρμαν την καδράρει μέσα από το φακό και βγάζει την τελευταία φωτογραφία της ημέρας.

5. Ρεσεψιόν ξενοδοχείου – ημέρα

Στη ρεσεψιόν η πλάτη ενός υπαλλήλου με φέσι που ψάχνει στην τεράστια κλειδοθήκη.

ΥΠΑΛΛΗΛΟΣ

Κλειδί, δύο μηνύματα, ένα γράμμα, ένα πακέτο. Όλα για σας, κύριε Χάρρις.

Τα ακουμπά στον πάγκο. Στο πακέτο τυπωμένη η φίρμα του αποστολέα, «Boston World».

Ο Νόρμαν με μαλλιά και ρούχα βρεμένα από πριν, ρίχνει μια βιαστική ματιά στα μηνύματα και τον αποστολέα του γράμματος. Τα χώνει στην τσέπη και κατόπιν παίρνει το πακέτο. Το ζυγίζει στα χέρια του.

ΥΠΑΛΛΗΛΟΣ

Δώρο;

ΝΟΡΜΑΝ

Ναι... το συνηθισμένο.

Σιωπηλός, κουδουνίζει το κλειδί στον υπάλληλο, σαν να του λέει, γεια. Δεν έχει υπομονή να ανέβει στο δωμάτιό του. Κατευθύνεται βιαστικά σε μια ήσυχη γωνιά, κάθεται, ανοίγει το πακέτο. Βγάζει ένα γράμμα και διάφορες ασπρόμαυρες φωτογραφίες από τα απομεινάρια μιας μάχης. Τις απλώνει στο τραπεζάκι μπροστά του.

Σκόρπιες αρβύλες, ένα ψόφιο άλογο. Ένα σαλιγκάρι πάνω στο κράνος ενός νεκρού φαντάρου. Στρατιώτης τραυματίας γέρνει πάνω στο όπλο του κι ένα λευκό κουτάβι του γλείφει το χέρι.

Η ανάγνωση της επιστολής πέφτει πάνω στις φωτογραφίες που ο Νόρμαν τις ξεφυλλίζει μία μία.

ΝΟΡΜΑΝ

Αγαπητέ Νόρμαν. Οι φωτογραφίες σου από τις στρατιωτικές επιχειρήσεις μεταξύ Ελλήνων και Τούρκων στη Μικρά

Ασία είναι ενδιαφέρουσες, αν και πολύ καλλιτεχνικές για ημερήσια εφημερίδα. Δυστυχώς, έχουμε ήδη προβεί στην πρόσληψη άλλου συναδέλφου σου. Έστειλε υλικό ένα μήνα πριν από σένα. Λυπούμαι που επιστρέφω φωτογραφίες σου για δεύτερη φορά. Ειλικρινώς υμέτερος. Εκδότης Τζέρεμυ Άμποτ.

Στις καταληκτικές φράσεις της επιστολής ακούγεται η μακρινή φωνή ενός μουεζίνη που προσεύχεται.

Ο Νόρμαν τσαλακώνει το γράμμα.

6. Νεκροταφείο, Σαμοθράκη – ημέρα

Αμπέλια στις γύρω πλαγιές. Λαμπρή λιακάδα. Στην κορφή ενός λόφου το νεκροταφείο του χωριού. Η Ελένη και η Νίκη μπροστά σ' έναν ταπεινό τάφο που γράφει: ΕΝΘΑΔΕ ΚΕΙΤΑΙ ΜΕΝΕΛΑΟΣ ΔΟΥΚΑΣ, 53 ΕΤΩΝ.

Η Ελένη ανάβει το καντήλι, η Νίκη ασπρίζει.

ΕΛΕΝΗ

Όταν έφτασα...

ΝΙΚΗ

Είχε χιονοθύελλα.

ΕΛΕΝΗ

Ναι.

ΝΙΚΗ

Το χιόνι ήταν ένα μέτρο.

ΕΛΕΝΗ

Έκλαιγα για δεκαπέντε μερόνυχτα. Δε με σήκωσε το Σικάγο.

ΝΙΚΗ

Και λες να σηκώσει εμένα;

ΕΛΕΝΗ

Είσαι αλλιώς εσύ. Δεν κλαις. Ποτέ δεν έχεις κλάψει. Και μιλάς την ξένη γλώσσα.

Η Ελένη πιάνει το θυμιατό και θυμιάζει πάνω από τον τάφο.

ΕΛΕΝΗ

Σου ορκίζομαι στα κόκαλα του πατέρα, Νίκη. Ο Πρόδρομος είναι μαλακός άνθρωπος. Με τ' αδέρφια του μου πληρώσανε το εισιτήριο της επιστροφής και ούτε να με δείρει, ούτε να με βλαστημήσει.

ΝΙΚΗ

Δεύτερη γυναίκα από το ίδιο σπίτι σε τέσσερις μήνες... Τι θα σκέφτηκε;

ΕΛΕΝΗ

Συμφώνησε αμέσως. Αφού κι εγώ απόρησα.

ΝΙΚΗ

Ας μην ήμουνα μοδίστρα.

Η Νίκη με το μαύρο μαντίλι της σκουπίζει τον ιδρώτα από το μέτωπό της.

ΕΛΕΝΗ

Αγαπάς εδώ, στο νησί;

ΝΙΚΗ

Έραψα ποτέ καινούργια φούστα για να βγω ραντεβού; Έβαλα γιασεμιά στο στήθος; Περίμενα ποτέ τον ταχυδρόμο; Ο έρωτας, Ελένη, είναι για τους χασομέρηδες. Να μου λείπει.

Σιωπή.

ΝΙΚΗ

Ας ήταν κάποιος άγνωστος. Κάποιος που να περίμενε εμένα πρώτη...

Η Νίκη βγάζει τη φωτογραφία του Πρόδρομου. Σχεδόν 40, με αραιά μαλλιά, μουστάκι, ήρεμο βλέμμα.

ΝΙΚΗ

Ξενιτεύομαι να παντρευτώ με το ίδιο νυφικό και με την ίδια φωτογραφία που πέρυσι βαστούσες εσύ.

7. Μεταναστευτικό πρακτορείο, Οδησσός – ημέρα

Έξω χιονίζει.

Στους τοίχους αφισέτες ναυτιλιακών γραμμών της εποχής. Πανοραμική φωτογραφία της Νέας Υόρκης. Σε βαρύτιμη κορνίζα, ο ιδιοκτήτης, Καραμπουλάτ, με τη μάνα του και το σκύλο του.

Στην αίθουσα φτωχόκοσμος, κάπου δεκαπέντε άντρες και γυναίκες με χαρτιά στα χέρια περιμένουν. Ανάμεσά τους μια γυναίκα με τα δύο κοριτσάκια της, 8-10 χρόνων, και η όμορφη αδερφή της, Γιελένα, 26-27 χρόνων.

Ο Καραμπουλάτ, ένας 45άρης Γεωργιανός, σκυμμένος στο γραφείο του δουλεύει πυρετωδώς. Δίπλα του ένα πιάτο ντολμαδάκια. Δοκιμάζει ένα. Γυρίζει προς τη μάνα του στη φωτογραφία.

ΚΑΡΑΜΠΟΥΛΑΤ
(στα ρώσικα)
Καλό. Σαν τα δικά σου όμως...

Εμφανίζονται και στέκονται προσοχή μπροστά του μια χοντρή γιαγιά και η 16χρονη εγγονή της, η όμορφη ξανθή Όλγκα.

ΚΑΡΑΜΠΟΥΛΑΤ
Στο γιατρό που σας έστειλα πήγατε;

Η γιαγιά τού δίνει ένα χαρτί. Ο Καραμπουλάτ το ξεδιπλώνει και το διαβάζει. Πλησιάζει την Όλγκα και της ανασηκώνει το σαγόνι.

ΚΑΡΑΜΠΟΥΛΑΤ

Όλγκα μου, καρδερίνα μου, μ' αυτό πληρώνεις το εισιτήριο.

Από ένα πάκο φωτογραφίες που είναι πάνω στο γραφείο του διαλέγει και της δίνει μία.

ΚΑΡΑΜΠΟΥΛΑΤ

Γκενάντι Λουσίν, 30 χρονών. Εργάτης σιδηροδρόμων στη Δυτική Ακτή. Κοίτα ένα μάτι ο κερατάς.

Το κορίτσι ρίχνει μια πλάγια ματιά. Δε μιλάει. Ο Καραμπουλάτ κοιτάζει το ρολόι του.

ΚΑΡΑΜΠΟΥΛΑΤ

Έχουμε αλληλογραφήσει ότι την 1η Ιουλίου 1922, σήμερα δηλαδή, στις 10:00 ακριβώς εδώ, 12:00 ώρα Αμερικής, ένας παπάς θα περάσει τη βέρα στο δάχτυλο του ευτυχούς μνηστήρα. Και ο Γκενάντι με το ρολόι στο χέρι θα είναι.

ΟΛΓΚΑ

Έχει δικό του ρολόι;

Ο Καραμπουλάτ γνέφει καταφατικά.

ΚΑΡΑΜΠΟΥΛΑΤ

(στη γιαγιά, σοβαρός)

Γιαγιούλα, για τα ορφανά κορίτσια

είμαι περισσότερο από προστάτης...
Πατέρας. Έχω αρραβωνιάσει και παντρέψει εκατοντάδες. Οι Ρωσίδες έχουν να το λένε, «Καραμπουλάτ, ο πιο γουρλής κουμπάρος!».

Ξανακοιτάζει το ρολόι του. Δείχνει την ώρα στην Όλγκα.

ΚΑΡΑΜΠΟΥΛΑΤ
Βλέπεις εδώ; Δείχνει 10:00 ακριβώς.
Πάμε. Ε... οι υπόλοιποι. Ησυχία.

Ο κόσμος γύρω σωπαίνει και κοιτάει. Ο Καραμπουλάτ παίρνει το χέρι της Όλγκας και της περνάει στο δάχτυλο μια βέρα.

ΚΑΡΑΜΠΟΥΛΑΤ
(σε ανάλογο ύφος)
Αρραβωνιάζεται η δούλη του Θεού
Όλγκα το δούλο του Θεού Γκενάντι.

Το κορίτσι σαστισμένο. Η γιαγιά γονατίζει και φιλάει με ευγνωμοσύνη τα χέρια του σωτήρα. Εκείνος της χαϊδεύει τον λευκό κότσο και κάνει με ευλάβεια το σταυρό του.

8. Χωριό Θράκης – ημέρα

Το χωριό χτυπημένο από σεισμό έχει εγκαταλειφθεί από τους περισσότερους κατοίκους. Παντού σωροί από πέτρες και χώματα. Σπασμένα παράθυρα. Δοκάρια που κρέμονται.

Ο πατέρας της Χαρώς, ένας μεσήλικας, μουστακαλής, με άγριες διαθέσεις και ένα μακρύ ραβδί στο χέρι πηδάει πάνω από θάμνους και χαλάσματα. Δέρνει τα σπασμένα κουφώματα.

ΠΑΤΕΡΑΣ ΧΑΡΩΣ

(φωνάζοντας)

Χαρώ; Χαρώ;

Πίσω από έναν γκρεμισμένο τοίχο, η Χαρώ, μια όμορφη 20χρονη με μακριά κοτσίδα και ΒΥΣΣΙΝΙ ΦΟΥΣΤΑΝΙ, κρύβεται βαστώντας την αναπνοή της. Στο χέρι της ένα μικρό βαλιτσάκι. Μετακινείται στις μύτες των παπουτσιών. Κάτι πετραδάκια κατρακυλούν.

Ο πατέρας της ακούει το θόρυβο και καταλαβαίνει πού κρύβεται η κοπέλα. Πλησιάζει. Όταν λίγα μέτρα μπροστά του βλέπει το ΒΥΣΣΙΝΙ ΦΟΥΣΤΑΝΙ της Χαρώς, διστάζει.

Η Χαρώ δεν ξεκολλάει από την κρυψώνα της. Βάζει τα κλάματα.

ΧΑΡΩ

(ψιθυρίζει)

Αντώνη... Αντώνη.

9. Κωνσταντινούπολη, νοσοκομείο – ημέρα

Ένα πόδι στο γύψο κρεμασμένο ψηλά με τα ειδικά βαρίδια. Ανάσκελα στο κρεβάτι του ο νεαρός Αντώνης, 22-23 χρόνων. Στο κομοδίνο η φωτογραφία της Χαρώς. Γράφει ένα γράμμα. Η φωνή του συνοδεύει κάποιες εικόνες μέσα στο νοσοκομείο: Ασθενείς, τραυματίες φαντάροι στα κρεβάτια, καλόγριες, νοσοκόμες. Ένας ιερέας με το δισκοπότηρο βγαίνει από μια πόρτα. Ένας αξιωματικός του ελληνικού στρατού και δύο φαντάροι με επιδέσμους βαδίζουν στο διάδρομο καπνίζοντας. Ο ένας κουτσαίνει. Πάνε λοιπόν και οι τρεις αργά.

ΑΝΤΩΝΗΣ

(ακούγεται η φωνή του)

26 Μαΐου, 1922 – Μακρυμαλλούσα μου Χαρώ. Ο ιατρός με είπε ότι την προσεχή Δευτέρα θα σπάσομε τον γύψο διά να ιδούμε τι εγίνηκε το πόδι μου. Αισιοδοξώ! Θέλω να επιστρέψω εις τη Σαμοθράκη γερός. Με περιμένει το αμπελάκι μου. Ευχαριστώ διά τα δέκα σιγαρέτα. Καπνίζω ένα το πρωί και ένα το βράδυ.

Χαρώ, δεν με έχεις γράψει τι χρώμα έχουν οι οφθαλμοί σου. Καστανόν μήπως; Τι θα έκανα τόσους μήνες χωρίς εσένα; Ω! Είμαι βαθύτατα ευγνώμων εις το περιοδικόν που με προμήθευσε την σύστασίν σου. Η καρδιά τόσων φαντάρων στα πεδία των μαχών θερμαίνεται από τις επιστολές των αγνώστων τους νεανίδων...

Βλέπουμε τον Αντώνη ενώ τελειώνει την επιστολή.

ΑΝΤΩΝΗΣ

Σε τρυφεροασπάζομαι, στρατιώτης Αντώνιος Μεμάς.

Αφήνει το χαρτί, σταυρώνει τα μπράτσα του πίσω απ' το κεφάλι του και πέφτει στο μαξιλάρι.

10. Εκκλησία στο θρακιώτικο χωριό – σούρουπο

Τα σημάδια του σεισμού και μέσα στην εκκλησία. Ο παπάς τελεί γάμο. Νύφη η Χαρώ.

Γαμπρός δεν υπάρχει.

Παρόντες ο πατέρας της νύφης, οι δύο έφηβοι αδερφοί της και ο παππούς.

Η Χαρώ φοράει ένα παλιό οικογενειακό νυφικό. Ο παπάς τής περνάει στο δάχτυλο μια βέρα.

ΠΑΠΑΣ

Παντρεύεται η δούλη του Θεού Χαρίκλεια, τον δούλο του Θεού Κωνσταντίνο.

Όταν ο παπάς κλείνει το βιβλίο του, ο πατέρας ορμάει και ενώνεται με τη νύφη σ' ένα ασάλευτο σφιχταγκάλιασμα.

ΠΑΤΕΡΑΣ

Τριανταφυλλάκι μου, συγχώρεσέ με...
Ήθελα να σε χαρώ νυφούλα.

Ο παππούς ραίνει την εγγόνα του με μαδημένα γιασεμιά. Η Χαρώ μένει ανέκφραστη.

11. Ποστάλι – πολύ πρωί

Πέλαγος. Το ποστάλι ταξιδεύει σε γκριζορόδινα χρώματα.

Η Νίκη και έξι ακόμη νεαρές Σαμοθρακίτισσες κοιτάζουν αμίλητες το νησί τους να μικραίνει πίσω τους.

12. Καρνάγιο – ημέρα

Τρεις τεχνίτες χτίζουν ένα καΐκι σε σμυρνέικο καρνάγιο.

Σε μια ήσυχη γωνιά ο Νόρμαν και ένας 25χρονος συνάδελφός του κάθονται σε σκαμνιά. Σε ένα άλλο η φωτογραφική του μηχανή.

Με το ένα χέρι ο Νόρμαν ανοίγει αργά τη δερμάτινη θήκη, βγάζει τη φωτογραφική μηχανή και την προσφέρει στον νεαρό συνάδελφό του. Αυτός την εξετάζει με συστολή.

ΝΕΑΡΟΣ ΦΩΤΟΓΡΑΦΟΣ

Είσαι σίγουρος;

ΝΟΡΜΑΝ

Αν έχεις το μετρητό, ναι.

Ο νεαρός φωτογράφος βγάζει και μετράει μερικά χαρτονομίσματα.

ΝΟΡΜΑΝ

Ώστε η «Boston World...»

ΝΕΑΡΟΣ ΦΩΤΟΓΡΑΦΟΣ

(χαμογελώντας)

Ναι, και μόλις πήρες τον πρώτο μου μισθό.

ΝΟΡΜΑΝ
(κουρασμένα)
Δίνε του.

Καθώς ο νεαρός φωτογράφος μαζεύει τη φωτογραφική μηχανή...

ΝΟΡΜΑΝ
Καλή τύχη, μικρέ. Και στη μάχη να φυλάς τον κώλο σου.

ΝΕΑΡΟΣ ΦΩΤΟΓΡΑΦΟΣ
Καλό ταξίδι, μεγάλε.

Ο νεαρός φωτογράφος φεύγει. Ο Νόρμαν σηκώνεται και παίρνει το καπέλο του.

Ένας από τους τεχνίτες, Τούρκος, έρχεται προς το μέρος του κρατώντας ένα μεγάλο κοχύλι.

ΤΟΥΡΚΟΣ ΤΕΧΝΙΤΗΣ
Αφού δε θα προλάβεις να βγεις βόλτα στο πέλαγος με το καΐκι...

Του βάζει το κοχύλι στο αυτί.

ΤΟΥΡΚΟΣ ΤΕΧΝΙΤΗΣ
Ν' ακούς τον αχό της θάλασσας.

Ο Νόρμαν «πιάνει» τον ήχο. Βάζει το χέρι στην τσέπη, έτοιμος να πληρώσει.

ΤΟΥΡΚΟΣ ΤΕΧΝΙΤΗΣ

Νόρμαν εφέντη, είναι δώρο. Σουβενίρ.

13. Μεγάλη αγορά – ημέρα

Εκδοτήρια εισιτηρίων, πάγκοι με εμπορεύματα, πλανόδιοι πωλητές, πλήθος.

Σε τραπεζάκι ζαχαροπλαστείου ο Νόρμαν και η Εμινέ Νουρεντίν, φίρμα χειρομάντις της εποχής, στα 60 της, πίνουν μπίρες. Δίπλα της σ' ένα περιποιημένο κλουβί είναι η γάτα της και παραδίπλα μερικές αποσκευές.

Ο Νόρμαν απλώνει την παλάμη του στην Εμινέ.

ΝΟΡΜΑΝ

(στα αγγλικά)

Έχεις καιρό, Εμινέ, να μου διαβάσεις το χέρι. Τι γράφει τώρα;

ΕΜΙΝΕ

(εξετάζοντας την παλάμη του)

Ένα κύμα θα σαρώσει όλη την προηγούμενη ζωή σου.

ΝΟΡΜΑΝ

Τη σάρωσε κιόλας. Επιστρέφω ψάχνοντας άλλο μέλλον.

ΕΜΙΝΕ

Σαν τι;

ΝΟΡΜΑΝ

Ποιος ξέρει; Να πουλάω αυτοκίνητα, ας πούμε. Ή παπούτσια.

ΕΜΙΝΕ

Και οι φωτογραφίες τέρμα;

ΝΟΡΜΑΝ

Σε εφτά μήνες έκανα μόνο δύο δουλειές και με απέρριψαν τρεις εφημερίδες και περιοδικά.

ΕΜΙΝΕ

Αυτοί χάνουν.

Ο Νόρμαν βγάζει από την τσέπη του μερικές φωτογραφίες και τις αφήνει στο τραπέζι. Οι φωτογραφίες απεικονίζουν ανασκαφές αρχαιοτήτων και νεκρούς φαντάρους.

ΝΟΡΜΑΝ

Για βδομάδες ήμουνα μες στα ξεραμένα αίματα.

ΕΜΙΝΕ

Βαλκάνια; Πόλεμοι και προσφυγιά όπως πάντα. Ρωσία; Επανάσταση των μπολσεβίκων. Τουρκία; Αχ! Τρία χρόνια μακελειό με τους Έλληνες. Ίσως η Δύση μπούχτισε τους πολέμους στην Ανατολή. Ακόμα και στις φωτογραφίες, φαίνεται.

ΝΟΡΜΑΝ

Μην ξανακούσω για φωτογραφίες.

ΕΜΙΝΕ

Δε σου ταιριάζει να τα παρατήσεις τόσο εύκολα, Νόρμαν. Γιατί δε δίνεις άλλη μια ευκαιρία στον εαυτό σου;

ΝΟΡΜΑΝ

Όχι. Γυρίζω πίσω, μήπως τουλάχιστον σώσω το γάμο μου.

ΕΜΙΝΕ

Νόρμαν...

ΝΟΡΜΑΝ

Ναι.

ΕΜΙΝΕ

Δεν μπορώ να σε φανταστώ χωρίς τη φωτογραφική σου μηχανή.

Ο Νόρμαν πίνει μια γουλιά μπίρα και κοιτάζει τον κόσμο. Εντοπίζει παράξενες ομάδες ταξιδιωτών. Κάρα που ξεφορτώνουν φτωχοκόριτσα.

Η Νίκη και οι έξι Σαμοθρακίτισσες πίνουν νερό που αγόρασαν από έναν νερουλά.

Ο Νόρμαν παρατηρεί τη Νίκη καθώς κάνει αέρα με το μαύρο μαντίλι της.

Εκείνη ρίχνει ματιές γύρω. Το βλέμμα της συναντιέται για δευτερόλεφτα με το δικό του.

ΝΟΡΜΑΝ

(κοιτάζοντας τη Νίκη)

Τι είναι όλο αυτό το γυναικομάνι;

ΕΜΙΝΕ

(μετρώντας με τα δάχτυλά της)

Πόλεμοι, βιασμοί, ορφάνια, σεισμοί, φτώχεια. Να τι διώχνει τις κοπέλες.

ΝΟΡΜΑΝ

Για πού;

ΕΜΙΝΕ

Για την Αμερική που είναι γεμάτη ανύπαντρους μετανάστες.

Είναι νύφες της φωτογραφίας.

Η Εμινέ σηκώνεται και μαζεύει τη γάτα και τις αποσκευές της.

Ο Νόρμαν παρακολουθεί τη Νίκη και τις έξι Σαμοθρακίτισσες καθώς ανοίγουν δρόμο στο πλήθος προς μια πινακίδα που γράφει: ΜΕΤΑΝΑΣΤΕΥΤΙΚΟ ΓΡΑΦΕΙΟ ΑΙΓΑΙΟΥ.

Κατεβάζει την τελευταία γουλιά και μαζεύει το καπέλο του.

14. Αποβάθρα – ημέρα

Συνωστισμός ταξιδιωτών για επιβίβαση στις βάρκες που θα τους μεταφέρουν στο «King Alexander» που είναι αγκυροβολημένο αρόδο.

Αποχαιρετισμοί και αποχωρισμοί για πάντα.

Κορίτσια στις αγκαλιές των δικών τους. Μια κοπέλα κλοτσάει, δε θέλει να μπει στη βάρκα. Ένας πατέρας κλαίει με αναφιλητά. Μια μάνα λιποθυμάει. Μια βαλίτσα πέφτει στο νερό. Ένας ταξιδιωτικός πράκτορας βρίζει. Ένας ναυτικός προσπαθεί να βάλει τάξη.

Η Νίκη και οι έξι Σαμοθρακίτισσες, δίχως συγγενείς, πηδούν καρτερικά μία μία στη βάρκα.

15. Βάρκες στο λιμάνι – ημέρα

Το λιμάνι γεμάτο βάρκες που μεταφέρουν τους επιβάτες στο «King Alexander».

Βάρκα 1: Είκοσι ορφανές Ηπειρωτοπούλες με μπλε στολές και συνοδό την πενηντάρα δεσποινίδα Καρδάκη.

Βάρκα 2: Η Νίκη, οι Σαμοθρακίτισσες και άλλες είκοσι γυναίκες.

Βάρκα 3: Ο Καραμπουλάτ, η σκύλα του Λούντα και Ρωσίδες επιβάτιδες. Ανάμεσά τους η όμορφη Γιελένα, η χήρα αδερφή της με τα δύο κοριτσάκια της και η έφηβη Όλγκα.

Βάρκα 4: Κατάφορτη με αποσκευές και καπελιέρες. Τις μεταφέρει ο 17χρονος καμαρότος Νικόλας.

Η βάρκα με τις αποσκευές πλέει δίπλα στη βάρκα με τις Ρωσίδες.

Ο Νικόλας βλέπει την Όλγκα για πρώτη φορά. Την κοιτάζει ξανά και ξανά.

16. Κατάστρωμα Γ΄ Θέσης «King Alexander» – σούρουπο

Το «King Alexander» σφυρίζει τρεις φορές. Ο ήχος περπατάει πάνω στα πρόσωπα των γυναικών της Γ΄ Θέσης.

Σε καθένα από τα τρία εκκωφαντικά σφυρίγματα, ματοτσίνορα τρεμοπαίζουν και μάτια σφιχτοκλείνουν για μια στιγμή, τρομαγμένα.

Προτελευταία στη σειρά η 16χρονη Όλγκα λέει την προσευχή της.

ΟΛΓΚΑ

(σιγανά, στα ρώσικα)

Θεούλη μου, μην αφήσεις τη θάλασσα
να θυμώσει. Ομόρφηνε την Αμερική.
Κάνε την να μοιάσει στη Ρωσία.

Δίπλα στην Όλγκα η Νίκη, τελευταία. Το αεράκι τής λύνει τα τσουλούφια.

17. Κατάστρωμα Α΄ Θέσης – νύχτα

Το υπερωκεάνειο στο πέλαγος.

Επιβάτες της Α΄ Θέσης με ποτά στο χέρι ρεμβάζουν ή συζητούν.

Ανάμεσά τους η Εμινέ, ο Καραμπουλάτ, ο πενηντάρης Έλληνας καπετάνιος και δίπλα του ο Νόρμαν που κοιτάζει πού και πού τις γυναίκες της Γ΄ Θέσης στο κάτω κατάστρωμα, ιδιαίτερα το κορίτσι στα μαύρα, τη Νίκη.

ΚΑΠΕΤΑΝΙΟΣ

(στα αγγλικά)

Κύριε Χάρρις, η φίλη μας η Εμινέ
λέει ότι είστε εξαίρετος φωτογράφος.
Πολεμικός ανταποκριτής. Να ζητήσω μια χάρη;

ΝΟΡΜΑΝ

Τι χάρη;

ΚΑΠΕΤΑΝΙΟΣ

Να μου κάνετε το πορτρέτο για την εφημερίδα του νησιού μου, στη Μύκονο. Ο Γιώργος, ο φωτογράφος του πλοίου, με έβγαλε χάλια. Και τις δύο φορές με τα μάτια κλειστά.

ΝΟΡΜΑΝ

Για μένα οι φωτογραφίες είναι παρελθόν.

ΚΑΠΕΤΑΝΙΟΣ

Κρίμα, κρίμα!

Ο καπετάνιος και η Εμινέ απομακρύνονται. Ο Καραμπουλάτ πλησιάζει τον Νόρμαν.

ΚΑΡΑΜΠΟΥΛΑΤ

Μόνον οι πόλεμοι σας εμπνέουν; Αποκλειστικώς αντρικές υποθέσεις;

ΝΟΡΜΑΝ

Δε με εμπνέει ο πόλεμος.

ΚΑΡΑΜΠΟΥΛΑΤ

Αυτές;

Από την εσωτερική τσέπη του σακακιού του βγάζει

δύο φωτογραφίες γυμνών γυναικών και τις δείχνει στον Νόρμαν.

ΝΟΡΜΑΝ

(χαμογελώντας)

Πού τέτοια τύχη, κύριε...

ΚΑΡΑΜΠΟΥΛΑΤ

Καραμπουλάτ. Από την όμορφη Γεωργία. Πρέπει κάποτε να τη φωτογραφίσεις. Είμαι ιδιοκτήτης μεταναστευτικού γραφείου. Έχω εβδομήντα επιβάτιδες στο πλοίο.

ΝΟΡΜΑΝ

(γελώντας)

Και σε παρεξήγησα. Νόμιζα πως εμπορεύεσαι τολμηρές φωτογραφίες.

ΚΑΡΑΜΠΟΥΛΑΤ

Τι κακό έχουν οι τολμηρές φωτογραφίες; Αχ αυτές οι Ανατολίτισσες... Αιθέρια κορμιά. Σου αιχμαλωτίζουν το βλέμμα.

Ο Νόρμαν κοιτάζει κάτω τις γυναίκες της Γ' Θέσης, τη Νίκη στο μαύρο της φουστάνι.

ΝΟΡΜΑΝ

(κοιτώντας πάντα τη Νίκη)

Έφαγα δυο χρόνια στην Ανατολή, κύριε Καραμπουλάτ. Ήμουνα στον πόλεμο με τους άντρες τους. Τους είδα να πεθαίνουν. Δε θα κάτσω τώρα να ξεβρακώσω τις χήρες, τις αρραβωνιαστικές και τις αδερφές τους.

Σύντομη παύση.

ΚΑΡΑΜΠΟΥΛΑΤ

Πάντως, αν θες να δεις τη συλλογή μου, είμαι στην καμπίνα 37.

Ο Καραμπουλάτ φεύγει. Ο Νόρμαν μένει κοιτώντας συνέχεια προς το κάτω κατάστρωμα.

Οι έξι Σαμοθρακίτισσες αποχωρούν μία μία. Η Νίκη μένει μόνη στην άκρη της πρύμνης.

Ο Νόρμαν δε χάνει από τα μάτια του την κοπέλα που μοιάζει σαν την πλωριά γοργόνα των πλοίων άλλων εποχών.

Ξαφνικά η Νίκη στρέφει το κεφάλι και διακρίνει τον άντρα με το ανοιχτόχρωμο κουστούμι που την κοιτάζει επίμονα.

18. Γ΄ Θέση – ημέρα

Παμβαλκανικός συνωστισμός.

Η δεσποινίς Καρδάκη, η συνοδός είκοσι ορφανών από την Ήπειρο, τους κάνει ένα χρήσιμο μάθημα.

ΔΕΣΠΟΙΝΙΣ ΚΑΡΔΑΚΗ

Βάσω, μπορείς να επαναλάβεις τα συμπτώματα της φυματιώσεως;

ΒΑΣΩ

Που φτύνεις αίμα. Που βήχεις.

ΔΕΣΠΟΙΝΙΣ ΚΑΡΔΑΚΗ

Μπράβο. Μάρω, μπουμπούκι μου, απάγγειλε το ποιηματάκι.

ΜΑΡΩ

America is beautiful,
Americans are kind,
making friends is wonderful,
making money is fine.

Η Χαρώ με το ΒΥΣΣΙΝΙ ΦΟΥΣΤΑΝΙ και δύο αποσκευές πλησιάζει τις ομάδες των Ελληνίδων.

ΧΑΡΩ

(ρωτάει και ξαναρωτάει)

Μήπως είναι καμιά σας από τη Σαμοθράκη;

ΝΙΚΗ

(φωνάζει)

Εδώ.

Η Χαρώ πλησιάζει τη Νίκη που ράβει κουμπιά σε αντρικά πουκάμισα απλωμένα στα γόνατά της. Μαζί και οι έξι κοπέλες από το νησί.

ΝΙΚΗ

(στη Χαρώ)

Κάτσε λίγο. Κάτσε μαζί μας.

Η Χαρώ αφήνει δίπλα τα πράματά της και κάθεται. Στα βλέμματα περιέργειας των κοριτσιών για μια αποσκευή της, εξηγεί:

ΧΑΡΩ

Είναι το ΟΥΤΙ του παππού μου.

(στρέφεται στη Νίκη)

Είσαι μοδίστρα;

Η Νίκη γυρίζει το πέτο της δείχνοντας πολλές καρφίτσες και βελόνες και μετά βγάζει από το καλαθάκι της ραπτικής ένα μεταλλικό κουτί. Το ανοίγει, παίρνει ένα μικρό πανί και το ξεδιπλώνει.

ΝΙΚΗ

Δάφνη και σκόρδο. Έχω και φακές. Ο γαμπρός ζήτησε το αγαπημένο του φαΐ. Το αμερικάνικο σκόρδο δε μυρίζει λέει.

Τα κορίτσια γελάνε.

Η Νίκη βγάζει τώρα από το καλαθάκι ένα φάκελο. Παίρνει τη φωτογραφία του Πρόδρομου και τη δείχνει στη Χαρώ.

ΝΙΚΗ

Ο Πρόδρομος έχει ραφείο στο Σικάγο. Αυτός θα ράβει αντρικά κι εγώ γυναικεία. Παράγγειλε να του στείλουν μια γυναίκα, όποια να 'ναι, αρκεί να μην είναι γκρινιάρα.

Με τα δόντια της κόβει την κλωστή και διπλώνει τα πουκάμισα.

ΝΙΚΗ

Για τους κουνιάδους μου.

ΧΑΡΩ

Μα... πώς ξέρεις το νούμερο των κουνιάδων σου;

Η Νίκη το ξέρει αυτό από την αδερφή της αλλά μένει σιωπηλή, ισιώνει την πιασμένη μέση της.

ΝΙΚΗ

Τι να κάνω; Τέσσερις γυναίκες περιμένουν από μένα.

ΧΑΡΩ

Και από μένα περιμένουν τέσσερις άντρες.

ΝΙΚΗ

Με λένε Νίκη και τούτες οι έξι είναι κι αυτές από το νησί.

(γελώντας)

Η Σαμοθράκη πάει να κατακτήσει το Σικάγο!

Η Χαρώ γέρνει το κεφάλι της απαλά να χαιρετίσει τις γυναίκες.

ΧΑΡΩ

Με λένε Χαρώ. Από τη Θράκη. Δούλευα στα λουκούμια, αλλά ο σεισμός γκρέμισε τη βιοτεχνία. Πάω στον Καναδά να παντρευτώ ένα ζαχαροπλάστη.

ΝΙΚΗ

Και είναι Σαμοθρακίτης;

Η Χαρώ διστάζει.

ΝΙΚΗ

(ξαναρωτάει)

Είναι Σαμοθρακίτης ο ζαχαροπλάστης;

ΧΑΡΩ

Όχι, όχι αυτός.

Γυρίζει το κεφάλι της και κοιτάζονται κατάματα.

19. Διάδρομος / κλουβιά για σκυλιά – χάραμα

Μεγάλα κλουβιά με σκυλιά επιβατών της Α΄ Θέσης.

Ο Νικόλας έχει βγάλει βόλτα για ξεμούδιασμα και κατούρημα τα σκυλιά των πλουσίων. Με σκουπάκι στο χέρι, μαζεύει τα κακά τους και τα πετάει στη θάλασσα. Σηκώνει το κεφάλι του και βλέπει να πλησιάζει ο Καραμπουλάτ.

Ο Καραμπουλάτ ελέγχει αν το αγαπημένο του σκυλί είναι καλά. Το ταΐζει από το κρουασάν του, του κάνει τρελά χάδια και παιχνίδια και του λέει ένα παλιό τραγούδι.

ΚΑΡΑΜΠΟΥΛΑΤ
(τραγουδώντας στο σκυλί)
Ξέχασέ την καημέ,
να μην κλάψει για με
και να βρει μια φωλιά
σ' άλλην αγκαλιά.

Όταν ο μουσικός οίστρος του τελειώνει, σοβαρεύει και τραβάει τον νεαρό Νικόλα από το μανίκι.

ΚΑΡΑΜΠΟΥΛΑΤ
(στα αγγλικά)
Νικόλα, σε καθιστώ υπεύθυνο για τη Λούντα μου. Έχει και το όνομα της μανούλας.

20. Κατάστρωμα Γ' Θέσης – νύχτα

Τρεις Τουρκάλες τελειώνουν το τσιγάρο τους.

Η Νίκη στα ρέλια. Στα μάτια της κομπρέσες χαμομηλιού. Βαστάει ένα κουπάκι με το καταπραΰντικό. Στο λαιμό της περασμένες χρωματιστές κλωστές. Στο πέτο της βελόνες και καρφίτσες. Από την τσέπη της εξέχει ένα λευκό τούλι.

Βγάζει τις κομπρέσες και τις ξαναβρέχει στο ρόφημα. Καθώς η Νίκη ανοίγει τα μάτια βλέπει κάτι χαρτάκια να αιωρούνται. Γέρνει πιο έξω, σηκώνει το κεφάλι της προς το επάνω κατάστρωμα.

Ο Νόρμαν μόνος σκίζει μερικά χαρτιά και τα πετάει στη θάλασσα.

Η Νίκη παραξενεύεται. Προσπαθεί να δει καλύτερα.

Ο Νόρμαν την αντιλαμβάνεται.

Τα μάτια τους συναντιούνται. Δεν αισθάνονται άνετα. Η Νίκη γιατί είδε μια ιδιωτική στιγμή, ο Νόρμαν γιατί δεν επιθυμούσε θεατές της πράξης του.

Η Νίκη ρίχνει μια τελευταία ματιά στον Νόρμαν και ακουμπά τις κομπρέσες στα βλέφαρά της. Από ψηλά εκείνος γέρνει το κεφάλι στο χέρι του και μένει να την παρακολουθεί.

Οι Τουρκάλες πετούν τις γόπες στη θάλασσα και φεύγουν.

Πίσω από τη Νίκη είναι η σκάλα που οδηγεί στο επάνω κατάστρωμα. Στην αρχή φαίνονται τα παπούτσια, κατόπιν τα πανταλόνια κάποιου που κατεβαίνει αργά τα σκαλιά.

Είναι ο Νόρμαν που την πλησιάζει διστακτικά. Τον βλέπει. Ο Νόρμαν στέκεται δυο μέτρα πιο κει και ακουμπά κι εκείνος στα ρέλια.

ΝΟΡΜΑΝ

(στα αγγλικά)

Καλησπέρα.

ΝΙΚΗ

Καλησπέρα.

ΝΟΡΜΑΝ

Πού είναι τ' άλλα κορίτσια;

ΝΙΚΗ

Φύγανε.

ΝΟΡΜΑΝ

Εσύ;

ΝΙΚΗ

Όπως εσύ... Εδώ.

ΝΟΡΜΑΝ

Καλά τα αγγλικά σου.

ΝΙΚΗ

Ευχαριστώ, αλλά όχι και τόσο καλά. Η νονά μου μου τα 'μαθε. Αγγλικά και ράψιμο.

ΝΟΡΜΑΝ

Πώς σε λένε; Το δικό μου όνομα είναι Νόρμαν.

ΝΙΚΗ

Το δικό μου Νίκη Δούκα.

ΝΟΡΜΑΝ

(χαμογελώντας)

Τότε και το δικό μου είναι Νόρμαν Χάρρις.

ΝΙΚΗ

(ψάχνοντας τις λέξεις στα αγγλικά)

Τι ήταν τα χαρτιά που έσκιζες ;

Ο Νόρμαν βγάζει από την τσέπη του μερικές φωτογραφίες και της τις δείχνει.

ΝΙΚΗ

(έκπληκτη)

Δηλαδή φωτογραφίες έσκιζες;

ΝΟΡΜΑΝ

Φωτογράφος ήμουνα.

ΝΙΚΗ

Τώρα δεν είσαι;

ΝΟΡΜΑΝ

Τώρα είμαι απλός ταξιδιώτης.

ΝΙΚΗ

Σαν εμένα.

ΝΟΡΜΑΝ

Και λιγότερο. Ούτε μοδίστρα είμαι, ούτε νύφη.

(παύση)

Μέρα-νύχτα σκέφτομαι ν' αλλάξω δουλειά.

ΝΙΚΗ

Μη... Φωτογράφος είναι χρήσιμο πράγμα. Και ωραία δουλειά.

Σιωπή.

ΝΙΚΗ

Αν έχεις άλλες φωτογραφίες, μην τις πετάς. Δώσε μού τες.

ΝΟΡΜΑΝ

Να τις κάνεις τι;

ΝΙΚΗ

Να τις στείλω σπίτι.

ΝΟΡΜΑΝ

Και τι θα τις κάνουν εκεί; Φωτογραφίες αγνώστων είναι.

ΝΙΚΗ

Οι φωτογραφίες, έστω και αγνώστων, είναι ωραία διακόσμηση.

ΝΟΡΜΑΝ

Το σπίτι σας θα έχει αρκετές φωτογραφίες μού φαίνεται.

ΝΙΚΗ

Μόνο μία.

ΝΟΡΜΑΝ

(με ενδιαφέρον)

Ο γάμος των γονιών σου;

ΝΙΚΗ

Ο πατέρας μου στο φέρετρο.

ΝΟΡΜΑΝ

Τι πράγμα;

ΝΙΚΗ

Έτσι γίνεται στο νησί μας. Ο πατέρας μου στο φέρετρο και γύρω του εμείς.

Ο Νόρμαν την πλησιάζει. Οι τελευταίες κουβέντες τού έχουν ανάψει το ενδιαφέρον.

ΝΙΚΗ

Πολλοί βγάζουνε την πρώτη τους φωτογραφία πεθαμένοι.

ΝΟΡΜΑΝ

Ο φωτογράφος του νησιού σου είναι πιο άτυχος κι από μένα.

ΝΙΚΗ

Ναι. Πέθανε πριν ένα χρόνο. Από το πολύ κρασί.

Ο Νόρμαν χαμογελάει, την κοιτάζει, ψάχνει τις λεπτομέρειες του προσώπου της.

ΝΟΡΜΑΝ

Τότε τι φωτογραφία έστειλες εσύ στην Αμερική;

ΝΙΚΗ

Δεν έστειλα. Εμείς από το νησί στείλαμε πιστοποιητικό γεννήσεως.

(χαμηλώνοντας τα μάτια)

Για να ξέρουν οι γαμπροί την ηλικία μας.

Σιωπή.

Ο Νόρμαν είναι συγκινημένος. Προσέχει ότι το τούλι από την τσέπη της κοντεύει να της πέσει. Το παίρνει στο χέρι του. Το κοιτάζει.

ΝΙΚΗ

Το πέπλο της Χαρώς.

ΝΟΡΜΑΝ

(δίνοντάς το)

Μαντάρεις και νυφικά, βλέπω.

ΝΙΚΗ

Εφτακόσια υπάρχουν κάτω. Και τα πιο πολλά δεύτερο και τρίτο χέρι.

Ο Νόρμαν κάτι σκέφτεται.

Η Νίκη τυλίγει καλύτερα το μαντίλι της καθώς ετοιμάζεται να φύγει.

ΝΟΡΜΑΝ

Από πού είσαι;

Η Νίκη στρέφεται προς αυτόν.

ΝΙΚΗ

Από ένα μέρος που δε θα ξαναδώ.

Και φεύγει. Ο Νόρμαν την παρακολουθεί με το λευκό τούλι να αναδεύεται στο χέρι της, ώσπου χάνεται στο βάθος.

21. Κατάστρωμα Α΄ Θέσης – ημέρα

Η Μάριον Γκίμπσον, Αμερικανίδα χορογράφος, κάνει πρόβα με εννέα χορεύτριες. Οι Αμερικάνες, συνεπαρμένες, το διασκεδάζουν.

Ο Νόρμαν, ο Καραμπουλάτ, ο καπετάνιος και άλλοι κάθονται και απολαμβάνουν τον ωραίο καιρό.

ΜΑΡΙΟΝ

Το μπούτι, κορίτσια... το μπούτι! Έβελιν, πιο ελεύθερο το μπούτι. Κάρολ, πάχυνες λίγο... Συγκεντρωθείτε κορίτσια.

Ο Νικόλας κρατάει ένα δίσκο με δέκα λεμονάδες που κερνάει ο καπετάνιος τις εννέα χορεύτριες και τη Μάριον.

ΜΑΡΙΟΝ

(στον καπετάνιο καθησυχαστικά)

Οι «Εννέα μούσες» είναι το σουξέ τους... Μπορεί να χαλαρώσανε λίγο στην τουρνέ, αλλά σε τρεις-τέσσερις πρόβες θα ξαναδέσει η χορογραφία.

ΝΟΡΜΑΝ

Τώρα που έχουν δει από κοντά την Τροία, την Ακρόπολη, τους Δελφούς, την Έφεσο, θα πετούν.

ΚΑΡΑΜΠΟΥΛΑΤ

(γελώντας)

Γυναίκες που πλήττουν στους γάμους τους είναι. Στοιχηματίζω. Καμία τους δε νιώθει να βάλει ένα ψητό στο φούρνο.

Γελούν.

ΚΑΠΕΤΑΝΙΟΣ

Λοιπόν, Μάριον, υπάρχει ραπτομηχανή και ράφτης στην Α΄ Θέση για να αντικαταστήσετε τους χιτώνες που σας έκλεψαν.

ΜΑΡΙΟΝ

Κεντάει κιόλας;

ΚΑΠΕΤΑΝΙΟΣ

Πολλά ζητάς.

ΝΟΡΜΑΝ

Υπάρχει πάντως μια μοδίστρα στην Γ΄ Θέση. Η Νίκη Δούκα.

ΚΑΠΕΤΑΝΙΟΣ

(αποφασιστικά)

Ωραία. Νικόλα, άντε βρες αυτή τη Νίκη. Πες της πως στην Α΄ Θέση υπάρχει μια καλή δουλειά.

Οι εννέα χορεύτριες συνεχίζουν την πρόβα τους.

ΚΑΡΑΜΠΟΥΛΑΤ

(φωνάζοντας)

Τα στήθη κορίτσια, προτάξτε τα στήθη.

22. Διάδρομος 1 Α΄ Θέσης – ημέρα

Μπροστά στην ένδειξη «Προς Α΄ Θέση», ένας ναυτικός όρθιος, ακουμπισμένος στον τοίχο λαγοκοιμάται.

Ο Νικόλας και η Νίκη στέκονται μπροστά του. Ο Νικόλας τον σκουντάει.

ΝΑΥΤΙΚΟΣ

(ανοίγοντας τα μάτια)

Έπ, από δω αρχίζει η Α΄ Θέση. Νικόλα, για πού το 'βαλε η δεσποινίς;

ΝΙΚΟΛΑΣ

Η δεσποινίς Νίκη θα ράβει επάνω κάτι... τουαλέτες. Εντολή του καπετάνιου.

Καθώς η Νίκη και ο Νικόλας προχωρούν στο διάδρομο, η Νίκη από μακριά βλέπει τον Νόρμαν να μπαίνει στην καμπίνα του.

Περνώντας μπροστά από την πόρτα του, με την άκρη του ματιού της, προσέχει τον αριθμό 57.

23. Γ΄ Θέση – πρωί

Οι γυναίκες ακόμη κοιμούνται.

Η Νίκη και η Χαρώ τρώνε ελιές και παξιμάδι. Η Χαρώ δείχνει στη Νίκη τη φωτογραφία του Αντώνη.

ΝΙΚΗ

Δεν του πάει το μουστάκι.

ΧΑΡΩ

Πες μου κι άλλα για τον Αντώνη.

ΝΙΚΗ

Είπαμε. Τον πήραν φαντάρο, πάνε κοντά πέντε χρόνια. Θυμάμαι τα μαλλιά του. Σχεδόν ξανθά.

ΧΑΡΩ

Μόνο τα μαλλιά του θυμάσαι;

ΝΙΚΗ

Το σπίτι τους ήταν μακριά. Στον Προφήτη Ηλία. Δυο ώρες ποδαρόδρομο.

ΧΑΡΩ

Πώς ήταν;

ΝΙΚΗ

Γαλάζια παράθυρα. Μικρό.

ΧΑΡΩ

Μόνο αυτό;

ΝΙΚΗ

Κι ένα γιασεμί ολόκληρο δάσος.

ΧΑΡΩ

Άλλο;

ΝΙΚΗ

Η κυρά Ζωή. Η γιαγιά του. Χοντρή. Γλωσσού.

ΧΑΡΩ

Θυμήσου κάτι παραπάνω.

ΝΙΚΗ

Που έψελνε στην εκκλησία. Ο ψάλτης έλεγε να τον στείλει να σπουδάσει βυζαντινή μουσική.

ΧΑΡΩ

Να σπουδάσει κιόλας; Για φαντάσου!

Η Χαρώ κρατάει ένα πακετάκι με τσαλακωμένα τα ΓΡΑΜΜΑΤΑ, ξεχωρίζει ένα και το βάζει στα χέρια της Νίκης.

ΧΑΡΩ

Αν λέει απάνω 17 Φεβρουαρίου 1922 είναι το έκτο γράμμα. Να μη χαλάσουμε τη σειρά.

ΝΙΚΗ

(διαβάζει)

... Απέθανε και ο πυροβολητής από την Κρήτη που μαζί είχαμε τραυματισθεί εις τα χιονοσκεπή και άγρια βουνά του Αφιόν Καραχισάρ που μόνο θηρία κατοικούν και Έλληνες φαντάροι. Η ζωή μας θα αλλάξει στη Σαμοθράκη, Χαρώ μου. Εκεί, θα σου αρέσει πολύ. Από τον αμπελώνα μας το Αιγαίον φέγγει περισσότερον μπλε. Ακόμα δε με γράφεις τι χρώμα έχουν οι οφθαλμοί σου. Όλο το ξεχνάς.

Η Νίκη βυθίζεται σε νοσταλγία.

ΝΙΚΗ

(παίζει με το ΣΚΟΥΛΑΡΙΚΑΚΙ της)

Τι ωραία που γράφει.

Κοιτάζει καλά καλά μπρος πίσω το γράμμα και το ξαναδιπλώνει με πολλή προσοχή, με στοργή.

ΝΙΚΗ

Ποιος το περίμενε αυτό από τον Αντώνη. Αληθινό ερωτικό γράμμα.

24. Σαλόνι Α΄ Θέσης – ημέρα

Ο Νόρμαν ανάβει το τσιγάρο της Εμινέ και παρακολουθεί τη Νίκη που περνάει κλωστή στη ραπτομηχανή Σίγγερ.

Στο βάθος οι εννέα χορεύτριες ακολουθούν τα παραγγέλματα της Μάριον και χορεύουν σε κύκλο. Κάποιοι επιβάτες τις κοιτούν.

ΕΜΙΝΕ

(στη Νίκη)

Ράφ' τα όσο πιο κοντά μπορείς. Κανείς δεν ενδιαφέρεται για την τέχνη τους.

Ο Νόρμαν γελάει. Οι χορεύτριες κάνουν εντυπωσιακό φινάλε.

ΕΜΙΝΕ

(χειροκροτώντας)

Κυρίες μου, μπράβο!

Πάει προς τη Μάριον αφήνοντας μόνους τη Νίκη και τον Νόρμαν.

Η Νίκη πιάνει το ψαλίδι και αρχίζει να κόβει ένα σεντόνι. Ο Νόρμαν ανάβει τσιγάρο και την παρακολουθεί.

ΝΟΡΜΑΝ

Κάνεις πολύ καλή δουλειά.

Η Νίκη λέει κάτι στα ελληνικά και κατόπιν του το μεταφράζει:

ΝΙΚΗ

Ο καθείς στο είδος του.

Συνεχίζει να κόβει.

ΝΙΚΗ

Και τι φωτογραφίες τραβούσες;

ΝΟΡΜΑΝ

Ασυνήθιστες.

ΝΙΚΗ

Ποιος σ' τις πλήρωνε;

ΝΟΡΜΑΝ

(αστειευόμενος)

Κανένας.

ΝΙΚΗ

Γιατί, τότε;

ΝΟΡΜΑΝ

Κάποιος πρέπει να φωτογραφίζει όσα οι άλλοι προσπερνούν. Τις λεπτομέρειες. Τα μικρά πράγματα.

ΝΙΚΗ

(επαναλαμβάνει)

Τα μικρά πράγματα... Αμερικάνους φωτογράφιζες;

ΝΟΡΜΑΝ

Στους Αμερικάνους πουλούσα. Έβγαλα πολλά λεφτά πριν δέκα χρόνια.

Τότε που ήταν της μόδας όλοι να ταχυδρομούν κάρτες με τοπία. Μετά ήρθα στην Ανατολή κι αυτή μου τα 'φαγε μέχρι δεκάρας. Σε δυο χρόνια πάνε τα λεφτά. Καταλαβαίνεις;

ΝΙΚΗ

Μερικά. Μπορείς να βγάλεις φωτογραφίες τώρα;

ΝΟΡΜΑΝ

Και ποιος ενδιαφέρεται;

ΝΙΚΗ

Οι γυναίκες από το νησί μου.

ΝΟΡΜΑΝ

Εσύ όχι;

ΝΙΚΗ

(κοκκινίζοντας)

Όχι.

ΝΟΡΜΑΝ

Δεν έχω πια φωτογραφική μηχανή.

ΝΙΚΗ

Την έχασες;

Ο Νόρμαν δεν απαντάει. Η Νίκη προσέχει τη στάχτη από την καύτρα του τσιγάρου του.

Τη βέρα του επίσης. Γλιστράει απαλά προς το μέρος του ένα τασάκι.

Ο Νόρμαν την κοιτάζει.

ΝΟΡΜΑΝ

Την πούλησα.

Η Νίκη ξαφνιάζεται. Τον κοιτάζει στο πρόσωπο.

25. Μαγειρεία πλοίου – νύχτα

Οι μάγειροι ετοιμάζουν το δείπνο. Στο βάθος έξι σερβιτόροι γευματίζουν. Σ' ένα τραπεζάκι σε μια γωνιά ο καπετάνιος, ο Νόρμαν και ο μάγειρας Ηρακλής που σερβίρει.

ΚΑΠΕΤΑΝΙΟΣ

Μόνο ρύζι, Ηρακλή. Τίποτα άλλο δε σηκώνει το στομάχι μου.

(στον Νόρμαν)

Ο Ηρακλής με φροντίζει. Σ' αυτή τη γωνιά χαίρομαι να τρώω μια μπουκιά.

ΝΟΡΜΑΝ

Καπετάνιε, εάν ισχύει η πρότασή σου και μπορώ να δανειστώ μια μηχανή, μετά το δείπνο, θα σου κάνω το πορτρέτο.

ΚΑΠΕΤΑΝΙΟΣ

Πώς και άλλαξες γνώμη;

ΝΟΡΜΑΝ

(αστειευόμενος)

Αδύνατον να αντισταθώ σ' ένα πρόσωπο σαν το δικό σου.

ΚΑΠΕΤΑΝΙΟΣ

(γελώντας)

Και ποιον θα φωτογραφίσεις μετά; Τον ασκημάντρα τον Ηρακλή; Ή τον χοντρό τον Γιώργο;

Γελούν όλοι.

ΝΟΡΜΑΝ

Έλεγα να κάνω πορτρέτα των γυναικών της Γ' Θέσης. Και μάλιστα με τα νυφικά πέπλα στα μαλλιά τους.

ΚΑΠΕΤΑΝΙΟΣ

Μα είναι εφτακόσιες.

ΗΡΑΚΛΗΣ

Εφτακόσιες ψυχές.

ΝΟΡΜΑΝ

Εφτακόσια ζευγάρια μάτια.

ΚΑΠΕΤΑΝΙΟΣ

Οι πεντακόσιες είναι Ελληνίδες. Οι υπόλοιπες Ρωσίδες, Βουλγάρες, Ρουμάνες.

ΝΟΡΜΑΝ

Τόσο το καλύτερο.

ΚΑΠΕΤΑΝΙΟΣ

Αα, θα γίνει διάσημο και το πλοίο «King Alexander». Μια καραβιά νύφες. Αλλά, να συνεννοηθώ πρώτα με τους πλοιοκτήτες. Και να στείλω τον βαφτισιμιό μου τον Νικόλα κάτω στις ταξιδιώτισσες να τις καλοπιάσει. Ο μικρός θα σου μεταφράζει κιόλας.

Σκέφτεται κάτι και συνεχίζει.

ΚΑΠΕΤΑΝΙΟΣ

Πέντε πρώτες ξαδέρφες και τέσσερις ανιψιές μου υπήρξανε νύφες της φωτογραφίας. Κοίτα να τις σεβαστείς αυτές τις γυναίκες.

26. Υπερωκεάνειο «King Alexander» εν πλω – ημέρα

Η εικόνα του πλοίου που ταξιδεύει και το τραγούδι της Χαρώς που συνεχίζεται και στην επόμενη σκηνή.

ΧΑΡΩ

Αμυγδαλάκια τσάκισα
πλανεύτρα μου και μάγισσα

και σου κράτησα την ψύχα
αχ και πλάι μου να σ' είχα.

27. Γ' Θέση – ημέρα

Εκατοντάδες κοπέλες στα λευκά. Νυφικά λιτά, φτωχικά, με μια λευκή μαντίλα και ένα φλουράκι στο μέτωπο της νύφης.

Ένα κομματάκι καθρέφτη κάνει γύρο από χέρι σε χέρι. Ένα κορίτσι ντρέπεται που έχει μια ιδέα μουστάκι. Βάζει εκεί το χέρι της.

Ακούγεται η Χαρώ με το ΟΥΤΙ από την άλλη άκρη του χώρου, κοντά στις Σαμοθρακίτισσες που είναι στα λευκά. Μόνο η Νίκη είναι στα μαύρα.

Οι νύφες περιμένοντας ακούν το τραγούδι. Πού και πού ανταλλάσσουν δυο λόγια με τη διπλανή τους.

ΗΠΕΙΡΩΤΙΣΣΑ 1
Πώς λένε αυτόν που θα πάρεις;

Βγάζει και δείχνει τη φωτογραφία ενός σοβαρού άντρα, με μουστάκι και καπέλο.

Πίσω τυπωμένα γράμματα: Manolis Restaurant, 140W Forsyth Str., Jacksonville.

ΗΠΕΙΡΩΤΙΣΣΑ 2
(δείχνοντας το «Manolis»)
Αυτό είναι το μικρό του. Κι αυτό το επίθετό του.
(δείχνοντας το «Restaurant»)

Κάποιες άλλες λένε απίθανα πράγματα που έχουν α-
κουστά για την Αμερική.

ΗΠΕΙΡΩΤΙΣΣΑ 3
Οι πλούσιοι βάφουν τους υπηρέτες μαύρους για να τους ξεχωρίζουν.

ΗΠΕΙΡΩΤΙΣΣΑ 4
(με φόβο)
Θα μας βάψουν κι εμάς;

ΗΠΕΙΡΩΤΙΣΣΑ 5
(με θάρρος)
Μην είσαι χαζή. Θα γίνουμε κυρίες. Με βέρα στο δάχτυλο, καπέλο και δικό μας πορτοφόλι.

ΗΠΕΙΡΩΤΙΣΣΑ 6
Ο ουρανός δεν είναι μπλε. Είναι άσπρος και τ' αστέρια τους είναι μπλε και κόκκινα.

ΗΠΕΙΡΩΤΙΣΣΑ 7
(εντυπωσιασμένη)
Αυτό θα 'χει γούστο...

ΜΙΚΡΑΣΙΑΤΙΣΣΑ
Στο Αφιόν Καραχισάρ είδα σφαγμένα Αρμενόπουλα. Ό,τι χρώμα κι αν είναι ο ουρανός, δε γυρίζω στο χωριό με τίποτα. Ποτέ.

Μπαίνουν ο Νόρμαν με τον Νικόλα που κρατάει μηχανή και τρίποδο με τη στάμπα SS/King Alexander.

Ο Νόρμαν βρίσκεται για πρώτη φορά στον κόσμο της Γ' Θέσης. Και βλέπει όλα τα κορίτσια να φοράνε τα νυφικά τους. Συγκινείται. Παντού λευκό.

ΝΟΡΜΑΝ

Σαν χιόνι μες στο καλοκαίρι.

Τα μάτια του περπατάνε στα μάτια των γυναικών. Στα πέπλα. Στα λιτά στολίδια.

ΝΟΡΜΑΝ

(στον Νικόλα)

Νομίζουν πως θα τις φωτογραφίσω όλες σε μια ώρα και ντύθηκαν από τώρα. Πες τους θα τις φωτογραφίσω μία μία. Θα πάρει μέρες.

Βγάζει το καπέλο του και το αφήνει στο κεφάλι του Νικόλα.

ΝΟΡΜΑΝ

(με δυνατή φωνή)

Good morning. Kalimera. Gunaydin. Με λένε Νόρμαν Χάρρις. Και σας ευχαριστώ για τη χάρη που μου κάνετε.

Με τον Νικόλα ετοιμάζουν τη μηχανή.

Η Νίκη έρχεται κοντά τους και τους μοιράζει δυο ποτηράκια με ρακί.

ΝΙΚΗ

(στον Νόρμαν)

Καλή επιτυχία, κύριε.

ΝΟΡΜΑΝ

Το ξέχασες το όνομά μου;

ΝΙΚΗ

Δεν ξεχνώ.

Ο Νόρμαν πίνει μια γουλιά.

ΝΟΡΜΑΝ

Ευχαριστώ. Χρειάζομαι την ευχή σου. Αν με βαρεθεί ο Νικόλας, ίσως χρειαστώ και τα αγγλικά σου. Θα δούμε.

Η Νίκη ρίχνει μια τελευταία ματιά σε όλα αυτά τα μηχανήματα και κάνει να φύγει.

ΝΟΡΜΑΝ

Νίκη, μείνε για την πρώτη φωτογραφία. Για γούρι.

Η Νίκη μένει. Ο Νόρμαν είναι έτοιμος. Οι δυο τους ανταλλάσσουν μια στιγμιαία ματιά.
Ο Νόρμαν κοιτάζει το μαύρο φουστάνι της.

ΝΙΚΗ

Δεν τη χρειάζομαι τη φωτογραφία εγώ.

Ο Νόρμαν χαμογελάει. Στην είσοδο της Γ' Θέσης ο Καραμπουλάτ κοιτάζει αποσβολωμένος το θέαμα. Ρίχνει ματιές εδώ και εκεί και αποχωρεί.

Ο Νικόλας έχει βάλει στη σειρά τρεις νύφες από τη Σαμοθράκη.

Ο Νόρμαν έχει ένα σημειωματάριο, και γράφει τα απαραίτητα για καθεμία κοπέλα που ρωτάει ο Νικόλας.

ΝΙΚΟΛΑΣ

(προφέροντας αργά)

Μαρία 18, Ελένη 23, Αικατερίνη 19,
όλες από τη Σαμοθράκη.

Ο Νόρμαν δίνει το σημειωματάριο στον Νικόλα. Βάζει τα δυνατά του να είναι φιλικός με τις νύφες, να δημιουργήσει ατμόσφαιρα εμπιστοσύνης. Τις φωτογραφίζει μία μία. Δεκάδες άλλες κοιτούν κάθε του κίνηση.

Η Νίκη φεύγει διακριτικά.

Η Όλγκα κάθεται οκλαδόν πολύ κοντά. Κάτι τρέχει με τον Νικόλα.

28. Πλαϊνό κατάστρωμα Γ' Θέσης – νύχτα

Οι δυο μικρές Ρωσίδες παίζουν κρυφτό. Πέντε Βουλγάρες χτενίζουν τα μαλλιά τους.

Η Χαρώ και η Νίκη έχουν απλώσει τα πουκάμισά τους και το ΒΥΣΣΙΝΙ ΦΟΥΣΤΑΝΙ πάνω σε κάτι σκοινιά. Η Χαρώ κάθε τόσο γλείφει αλάτι από τη χούφτα της.

ΧΑΡΩ

Πώς μ' αρέσει το αλάτι!

Μια σγουρομάλλα Σαμοθρακίτισσα πλέκει κάλτσες.

Πίσω τους ανοίγει μια πόρτα και βγαίνει ο Νόρμαν.

Τρομαγμένες οι Τουρκάλες καλύπτουν τα πρόσωπά τους.

Ο Νόρμαν πλησιάζει τη Νίκη και τη Χαρώ. Παίρνει δυο κόκκους αλάτι από το χέρι της Χαρώς και τους βάζει στο στόμα. Κατόπιν στέκεται δίπλα στη Νίκη, ψαχουλεύει στις τσέπες του, βγάζει ένα βιβλιαράκι και της το δίνει.

ΝΟΡΜΑΝ

Το αγόρασα κάποτε που σχεδίαζα ένα
ταξίδι στην Ελλάδα. Αγγλο-Ελληνικοί
Διάλογοι. Διάβασέ το ανάποδα.

Ο Νόρμαν ακουμπά τους αγκώνες του στα ρέλια.

ΝΟΡΜΑΝ

Ήθελα να σ' το δώσω.

Η Νίκη κοκκινίζει.

Η σγουρομάλλα έχει αφήσει το πλέξιμο και παρακολουθεί.

ΧΑΡΩ

Τι λέει;

ΝΙΚΗ

Πως κάνει ζέστη.

ΧΑΡΩ

Ζέστη τέτοια ώρα;

ΝΙΚΗ

Δροσιά ήθελα να πω.

ΝΟΡΜΑΝ

Ήλπιζα να σε δω.

Σύντομη σιωπή.

ΧΑΡΩ

Πες και σε μένα.

ΝΙΚΗ

Λέει πως ο ωκεανός είναι ήσυχος.

ΝΟΡΜΑΝ

Σ' αυτό το φως, το πρόσωπό σου φέγγει.

ΧΑΡΩ

Τώρα;

Ένα κουδούνι σημαίνει το σερβίρισμα του δείπνου.

ΝΙΚΗ

Πείνασε, λέει.

ΧΑΡΩ

Είναι ώρα για βραδυνό.

Οι επιβάτιδες της Γ' Θέσης μπαίνουν μέσα.

Η Χαρώ μαζεύει το ΒΥΣΣΙΝΙ ΦΟΥΣΤΑΝΙ. Σηκώνει και τη σγουρομάλλα να φύγουν παρέα.

ΧΑΡΩ

(στη Νίκη, φεύγοντας)

Καλά τα λες τα εγγλέζικα!

ΝΙΚΗ

(σιγανά)

Χαρώ, περίμενέ με.

Ο Νόρμαν δεν τη σταματά μα και η Νίκη δε φεύγει. Βγάζει ένα μαντίλι με ελιές. Του προσφέρει.

ΝΙΚΗ

Από το νησί.

ΝΟΡΜΑΝ

(με λάθος προφορά)

Σεμοθράκη;

ΝΙΚΗ

(διορθώνοντάς τον)

Σαμο-θράκη.

Ο Νόρμαν δοκιμάζει μια ελιά.

ΝΟΡΜΑΝ

Σαμο-θράκη. Και, πώς είναι;

ΝΙΚΗ

Πολλές κατσίκες. Παντού αμπέλια.

ΝΟΡΜΑΝ

Καλό το κρασί;

ΝΙΚΗ

Πίνεις μια γουλιά και φτάνει για όλη σου τη ζωή.

ΝΟΡΜΑΝ

Τότε, την έχασα τη Σαμοθράκη.

ΝΙΚΗ

Ναι.

Για λίγο σωπαίνουν.

ΝΙΚΗ

Πώς λένε το χωριό σου;

ΝΟΡΜΑΝ

Βοστόνη. Μα ο πατέρας μου γεννήθηκε στην Ιρλανδία.

ΝΙΚΗ

(έκπληκτη)

Δηλαδή, ούτε εσύ είσαι εκατό τοις εκατό Αμερικάνος. Νύφη της φωτογραφίας η μάνα σου;

ΝΟΡΜΑΝ

Μπα. Στην ψαραγορά την πρωτοείδε ο πατέρας μου να ξελεπιάζει έναν μπακαλιάρο και ερωτεύτηκε τα κόκκινα σγουρά μαλλιά της.

Ο Νόρμαν κάνει παντομίμα για να τη βοηθήσει να καταλάβει. Χαμογελάνε.

ΝΟΡΜΑΝ

(ευδιάθετος)

Φωτογράφος έγινα γιατί σιχαινόμουνα την ψαρίλα.

Η Νίκη χαμογελάει ξανά.

ΝΟΡΜΑΝ

Τώρα, και με κλειστά μάτια, αναγνωρίζω τις πόλεις από τη μυρουδιά τους. Μακάρι να μπορούσα να σου δείξω κάποια μέρη.

Η Νίκη κοκκινίζει. Ο Νόρμαν την κοιτάζει, κατόπιν στρέφει το βλέμμα στα νερά.

Η Νίκη προσέχει το προφίλ του, μετά ακολουθεί το βλέμμα του.

ΝΙΚΗ

Κάπου πέρα μακριά είναι η Αμερική.

Κοιτούν τη νύχτα δίχως να μιλούν. Σε κάποια απόσταση πίσω τους η Χαρώ τους παρακολουθεί για μερικές στιγμές και ύστερα χάνεται μέσα.

29. Φωτογραφείο πλοίου – πρωί

Ο φωτογράφος του πλοίου, ο Γιώργος, παχουλός πενηντάρης, βάζει σε περίτεχνα πασπαρτού φωτογραφίες επιβατών της Α' Θέσης και τις παρατάσσει πάνω στον πάγκο του.

Από την άλλη πλευρά του πάγκου ο Νόρμαν ξεδιαλέγει πορτρέτα γυναικών της Γ' Θέσης που μόλις εμφάνισε. Παίρνει ένα και το μελετάει. Είναι η όμορφη Ρωσίδα Γιελένα. Ο Νόρμαν χώνει μερικές φωτογραφίες στην τσέπη και φεύγει βιαστικός.

Λες και καραδοκούσε, μπαίνει στο φωτογραφείο ο Καραμπουλάτ γλείφοντας ένα καραμελωμένο μήλο.

ΚΑΡΑΜΠΟΥΛΑΤ

Γιώργο, να ρίξω μια ματιά στις ντροπαλές νυφούλες;

ΓΙΩΡΓΟΣ

(καλόκαρδα)

Τζάμπα είναι.

ΚΑΡΑΜΠΟΥΛΑΤ

Λέω να πληρώσω όμως, Γιώργο. Θέλω μερικά αρνητικά. Πες στον Αμερικάνο ότι... παραπέσανε.

ΓΙΩΡΓΟΣ

Ο Αμερικάνος, που λες, τα φυλάει στην καμπίνα του.

30. Διάδρομος 1 Α΄ Θέσης – πρωί

Ο Καραμπουλάτ περπατάει βιαστικά και φτάνει τον Νόρμαν που προηγείται.

ΚΑΡΑΜΠΟΥΛΑΤ

(σοβαρός)

Γιελένα Μισίν. Ρωσίδα.

Δώσε μου πίσω την φωτογραφία της. Είμαι κουμπάρος και κηδεμόνας της. Και ο μέλλων γαμπρός είναι πολύ αυστηρών αρχών.

ΝΟΡΜΑΝ

Μα δε φωτογράφισα τα οπίσθιά της, κύριε Καραμπουλάτ. Τι φοβάται;

ΚΑΡΑΜΠΟΥΛΑΤ

Ούτε το προσωπάκι της επιτρέπω. Ούτε καν το μισό. Το προφίλ της. Δώσε μου τη φωτογραφία.

ΝΟΡΜΑΝ

(αινιγματικός)

Μόλις την εμφανίσω.

ΚΑΡΑΜΠΟΥΛΑΤ

Την εμφάνισες ήδη.

ΝΟΡΜΑΝ
Η ίδια δεν αρνήθηκε.

ΚΑΡΑΜΠΟΥΛΑΤ
(χαμογελώντας)
Η ίδια είναι μαθημένη να μη λέει όχι.

ΝΟΡΜΑΝ
Θα τη ρωτήσω.

ΚΑΡΑΜΠΟΥΛΑΤ
(πάντοτε με χαμόγελο)
Δεν της πέφτει λόγος. Έτσι δουλεύει το πρακτορείο μου.

ΝΟΡΜΑΝ
Δεν είναι ο τρόπος που δουλεύω εγώ, όμως.

ΚΑΡΑΜΠΟΥΛΑΤ
Καλά φίλε μου, ας μη χαλάμε άλλο τις καρδιές μας. Κάποιος άλλος στο καράβι θα τα κανονίσει.

31. Τιμονιέρα πλοίου – ημέρα

Ο καπετάνιος, ο υποπλοίαρχος και ο Νόρμαν ρίχνουν μια ματιά στα πρώτα πορτρέτα.

Ο καπετάνιος δε χορταίνει τη φωτογραφία του. Κατόπιν ξεφυλλίζει και τις άλλες.

ΝΟΡΜΑΝ

Αυτά τα πρόσωπα φτιάχνουνε το χάρτη της Μαύρης Θάλασσας.

Ο καπετάνιος ξεχωρίζει τη φωτογραφία της Γιελένας και τη βάζει στη μέσα τσέπη του σακακιού του.

ΚΑΠΕΤΑΝΙΟΣ

(σε σοβαρό τόνο)

Τις Ρωσίδες να τις εξαιρέσεις, φίλε Νόρμαν.

ΝΟΡΜΑΝ

Το απαγορεύει ο κηδεμόνας τους;

ΚΑΠΕΤΑΝΙΟΣ

Το απαγορεύω εγώ.

ΝΟΡΜΑΝ

Μπορείτε να μου πείτε το λόγο;

ΚΑΠΕΤΑΝΙΟΣ

(απότομα)

Τα λεφτά.

ΝΟΡΜΑΝ

Ποια λεφτά;

ΚΑΠΕΤΑΝΙΟΣ

Ο κύριος Καραμπουλάτ είναι ιδιότροπος, αλλά μόνιμος πελάτης της Αρ-

γοναυτικής Ατμοπλοϊκής Εταιρείας,
εδώ και έντεκα χρόνια, ανελλιπώς.

Και σε λίγο.

ΚΑΠΕΤΑΝΙΟΣ
(αυστηρά)
Οι υπόλοιπες εξακόσιες πενήντα γυναίκες φτάνουν και περισσεύουν.

32. Διάδρομος / κλουβιά για σκυλιά – χάραμα

Σε κρυψώνα πίσω από σωσίβια λέμβο κάθεται οκλαδόν η Όλγκα. Κοντά της ο Νικόλας, ντροπαλός, κάνει μονόζυγο σε σιδερένια δοκό.

Κατόπιν κάθεται κι αυτός και γλιστράει όλο και πιο κοντά της μέχρι που έρχεται δίπλα της. Αγγίζει το ύφασμα της φούστας της που είναι απλωμένο γύρω της.

Η Όλγκα και ο Νικόλας προσέχουν μην τους πάρουν είδηση. Κοιτάζονται σιωπηλοί. Ο Νικόλας αγγίζει τα χρυσά μαλλιά της Όλγκας, ανασηκώνει μια τούφα απαλά, σαν να φοβάται μην τη σπάσει. Αφήνει να πέφτουν μία μία οι μπούκλες και να γίνονται ένα με το πρώτο φως της ανατολής.

33. Καμπίνα καπετάνιου – ημέρα

Βυθισμένος σε μια πολυθρόνα, ο Καραμπουλάτ.

ΚΑΡΑΜΠΟΥΛΑΤ
Τι θα γίνει, φίλε μου, με τη Γιελένα
τη Ρωσίδα;

ΚΑΠΕΤΑΝΙΟΣ
Δεν είμαι τώρα σε κέφια. Στείλε την δώρο στον Τούρκο μηχανικό.

ΚΑΡΑΜΠΟΥΛΑΤ
Μη μου καλογερέψεις από τώρα, Μαρίνο. Δόξα τω Θεώ έχω πάλι πρώτη ποιότητα. Το 1917, η παρτίδα μου είχε έντεκα γυναίκες με...

(στα ρώσικα)
... πελώρια βυζιά.
(στα αγγλικά)
Έκανα πάταγο. Το 1919, είχανε όλες γαλανά μάτια και ελιά στο μάγουλο. Το 1920, δέκα γυναίκες διέθεταν τορνευτό κώλο. Τώρα, έχω παρθένες με βούλα.

Ο Καραμπουλάτ βγάζει από το εσωτερικό τσεπάκι του σακακιού του το ρωσικό έγγραφο με τις σφραγίδες που του είχε δώσει η γιαγιά της Όλγκας.

ΚΑΡΑΜΠΟΥΛΑΤ
(ανακατεύοντας ρώσικα και αγγλικά)
Εκ του εφηβαίου, των μεγάλων και μικρών χειλέων του αιδοίου ουδέν παρατηρείται. Ο παρθενικός υμήν αποφράσσει την είσοδον του κόλπου, ώστε να μην είναι εφικτή η δι' αυτού δίοδος ού-

τε κοινού μολυβδοκονδύλου. Συμπέρασμα: Η Όλγκα Κρατίνκοβα, ετών 16, τυγχάνει ανατομικώς παρθένος.

Κραδαίνει το χαρτί.

ΚΑΡΑΜΠΟΥΛΑΤ
Μουνάκι χρυσάφι!
(Και σε λίγο)
Οι τυχερές κάνουν κομπόδεμα μέσα σε τρία χρόνια.

Ο καπετάνιος βάζει λίγη κολόνια.

ΚΑΡΑΜΠΟΥΛΑΤ
Αν λυπάσαι τη Ρωσίδα, έχεις άδικο. Στον τόπο της υπέφερε χειρότερα.

ΚΑΠΕΤΑΝΙΟΣ
Έλα τώρα...

ΚΑΡΑΜΠΟΥΛΑΤ
Αφού γονατιστή μου φιλούσε τα χέρια για μια ώρα. Άκου που σου λέω. Για μερικές είμαι η μόνη λύση.

ΚΑΡΑΜΠΟΥΛΑΤ
(σε λίγο)
Έχω εβδομήντα καθωσπρέπει θηλυκά που θα πιάσουν την τσάπα και θα

σκάψουν όλη την Οκλαχόμα. Μόνον έξι προορίζονται για σπέσιαλ απασχόληση.

Σιωπή.

ΚΑΠΕΤΑΝΙΟΣ
(σκεφτικός)
Πάντως, πρόσεχε τον φωτογράφο. Μην τον προκαλείς.

ΚΑΡΑΜΠΟΥΛΑΤ
Να δημοσιευτούν λοιπόν σε καμιά εφημερίδα δέκα αγίες κι ανάμεσά τους να φιγουράρει μια παστρικιά που θα έχει πάρει κόσμο και ντουνιά... Οι μητροπολίτες θα με αφορίσουν. Η μάνα μου θα με κρεμάσει ανάποδα.

ΚΑΠΕΤΑΝΙΟΣ
Μα ζει; Εκατό φορές μου έχεις πει για την κηδεία της.

ΚΑΡΑΜΠΟΥΛΑΤ
(μπαϊλντισμένος)
Αναστήθηκε. Και κάνει ακόμα κουμάντο σε όλα.

ΚΑΠΕΤΑΝΙΟΣ
Ήξερε για την επιχείρηση;

ΚΑΡΑΜΠΟΥΛΑΤ

Ιδέα της μανούλας ήταν. Αλλά κανόνιζε πώς να μη μας παίρνουν μυρωδιά. Βούλωνε στόματα.

34. Σαλόνι Α΄ Θέσης – απόγευμα

Στο βάθος ένας ναυτικός σκουπίζει το πάτωμα.

Η Νίκη γαζώνει. Η Εμινέ κοντά της με το κλουβί της γάτας στα πόδια της.

Ένα 6χρονο κοριτσάκι με γυαλιά χαζεύει τη γάτα.

Η χειρομάντις καπνίζει αφοσιωμένη στη μελωδική φωνή της Χαρώς που ακούγεται από την Γ΄ Θέση.

ΕΜΙΝΕ

Νίκη, τι λένε τα λόγια;

ΝΙΚΗ

(κοκκινίζοντας)

Για κρυφά φιλιά.

ΕΜΙΝΕ

(νοσταλγικά)

Σαν να το ξέρω αυτό το τραγούδι.

Και πραγματικά. Σιγομουρμουρίζει το σκοπό πετώντας πού και πού μερικές σωστές ή λάθος λέξεις.

Η Νίκη την κοιτάζει παραξενεμένη.

ΕΜΙΝΕ

Μέχρι τα 16 μου έριξα πολύ τραγούδι και χορό. Μετά τέρμα.

Παύση.

ΕΜΙΝΕ

(σε άλλο τόνο)

Έχω δει πάνω από πενήντα χιλιάδες χέρια στη ζωή μου.

Οι μοιχοί, ξέρεις, έχουνε χέρια στεγνά. Οι υπουργοί κρύα. Οι διπλωματικοί σαν από φίνο λινό. Οι φαντάροι που πάνε στο μέτωπο ζεστά. Και οι κοπελιές τους τρεμάμενα.

Η Εμινέ τραβάει μια γερή ρουφηξιά.

ΕΜΙΝΕ

Άσε το ράψιμο δυο λεφτά. Elini verir misin. Δώσε μου εδώ το χέρι σου.

Αφήνει το τσιγάρο και παίρνει στα χέρια της την παλάμη της Νίκης.

ΕΜΙΝΕ

Να σου πω τη μοίρα σου. Kismetin.

(χαμογελώντας)

Δωρεάν.

ΝΙΚΗ

Δε χρειάζεται. Την ξέρω.

Η Νίκη συνεχίζει τη δουλειά της. Ανοίγει το καλάθι με τα σύνεργα της ραπτικής και βγάζει ένα νέο μασούρι. Βλέπουμε το χέρι της να μαζεύει έναν φάκελο που γράφει «Για τη Νίκη». Κρυφά το ανοίγει πάνω στην ποδιά της. Μέσα, μια μαυρόασπρη φωτογραφία. Το προφίλ αρχαίου ελληνικού αγάλματος με τη μύτη σπασμένη και τα εντυπωσιακά μαλλιά πιασμένα σε κότσο.

Η Νίκη περπατάει, το δαχτυλάκι της με τη δαχτυλήθρα πάνω στα κυματιστά μαλλιά της φωτογραφίας.

ΝΙΚΗ

(σιγανά)

Τα μικρά πράγματα...

Εκείνη τη στιγμή, ο Νόρμαν και ο Νικόλας πλησιάζουν με τα φιλμ της ημέρας. Η Νίκη καλύπτει τη φωτογραφία με ένα ρούχο.

ΝΙΚΟΛΑΣ

Νίκη, μην ξεχάσεις το σακάκι του καπετάνιου. Είπε να του πιάσεις τη φόδρα. Και να μένεις για φαΐ στην τραπεζαρία της Α΄ Θέσης.

ΝΙΚΗ

Τον ευχαριστώ. Αλλά προτιμώ να τρώω κάτω με τις δικές μου.

Ο Νικόλας φεύγει βιαστικός.

Η Εμινέ κοιτάζει τον Νόρμαν και τη Νίκη και σβήνει το τσιγάρο της.

ΕΜΙΝΕ

(στη γάτα)

Ώρα για τον περίπατό μας.

Σηκώνεται, μαζεύει το κλουβί και φεύγει. Το 6χρονο κοριτσάκι την ακολουθεί.

ΝΟΡΜΑΝ

(στη Νίκη)

Να καθίσω μαζί σου;

ΝΙΚΗ

Ναι.

Ο Νόρμαν κάθεται. Πιάνει τη φωτογραφική μηχανή και κοιτάζει τη Νίκη μέσα από το φακό.

ΝΟΡΜΑΝ

Δεν έχει φιλμ μέσα. Θέλω μόνο να δω το πρόσωπό σου.

Η Νίκη κοκκινίζει. Αλλά εξακολουθεί να γαζώνει.
ΜΕΣΑ ΑΠΟ ΤΗΝ ΚΑΜΕΡΑ:
Τα μαλλιά της. Τα μάτια της. Τα χρυσά ΣΚΟΥΛΑΡΙΚΙΑ της. Τα χέρια της.
Η Νίκη κοιτάζει τη βέρα του κι εκείνος το προσέχει.

ΝΟΡΜΑΝ

(τρυφερά)

Θα ξηλώσω τα κουμπιά μου, μόνο και

μόνο για να μου τα ράψουν τα χέρια σου.

ΝΙΚΗ

(φουντωμένη)

Θα πληρώσεις διπλά.

ΝΟΡΜΑΝ

(αφήνοντας τη φωτογραφική μηχανή)

Πες μου κάτι για σένα.

ΝΙΚΗ

Τίποτε ιδιαίτερο.

ΝΟΡΜΑΝ

Δεν έχεις όνειρα;

ΝΙΚΗ

Μια μηχανή Σίγγερ.

Παύση.

ΝΟΡΜΑΝ

Τίποτε άλλο;

ΝΙΚΗ

Ύφασμα.

ΝΟΡΜΑΝ

Και;

ΝΙΚΗ

Πολλές πελάτισσες.

ΝΟΡΜΑΝ

Αυτά είναι όλα κι όλα;

ΝΙΚΗ

Όλα.

ΝΟΡΜΑΝ

Δεν πιστεύω λέξη απ' όσα είπες.

Η Νίκη ντρέπεται. Για λίγο σιωπά. Συνεχίζει το γαζί. Τελικά:

ΝΙΚΗ

Μου ζητάνε. Νίκη κάνε αυτό, Νίκη εκείνο. Νίκη έλα. Νίκη πήγαινε. Νίκη η γάτα. Νίκη η κατσίκα. Νίκη είσαι ο πατέρας της οικογένειας.

ΝΟΡΜΑΝ

Είσαι;

ΝΙΚΗ

Ναι.

ΝΟΡΜΑΝ

Ώστε είσαι πατέρας;

ΝΙΚΗ

Ναι.

ΝΟΡΜΑΝ

Οι άνθρωποι σαν εσένα μας κάνουν να αγαπάμε τη ζωή.

ΝΙΚΗ

Όχι σαν εμένα, σαν τον πατέρα μου.

ΝΟΡΜΑΝ

Το μήλο κάτω από τη μηλιά.

ΝΙΚΗ

Ο πατέρας μου ήταν αστείος άνθρωπος.

ΝΟΡΜΑΝ

Ο δικός μου πολύ ζωηρός. Ανεμοστρόβιλος.

ΝΙΚΗ

(αβέβαιη)

Κατά μάνα, κατά κύρη;

ΝΟΡΜΑΝ

(γελώντας)

Αυτό είναι αστείο.

Η Νίκη βγάζει από το καλαθάκι της τους Αγγλο-Ελληνικούς Διαλόγους. Τους ξεφυλλίζει στα γρήγορα.

ΝΙΚΗ

Σελίς 27. Αγγλική παροιμία, όχι αστείο. Οι Έλληνες, οι άντρες βέβαια, λένε πολλά αστεία.

ΝΟΡΜΑΝ

Τώρα είμαστε στο πλοίο. Όχι στην Ελλάδα. Επιτρέπεται να πεις ό,τι αστείο θέλεις.

ΝΙΚΗ

Θέλω να σου πω το αστείο που άρεσε πολύ στον πατέρα μου. Στη Σαμοθράκη οι συγγενείς, όλοι, γελάγανε και γελάγανε.

ΝΟΡΜΑΝ

Πες το.

ΝΙΚΗ

Δεν ξέρω όλες τις λέξεις. Ξέρω μόνο... ρίγανη και έγκυος.

Ο Νόρμαν σφυρίζει τη μελωδία από τη χορογραφία των Εννέα μουσών.

Παίρνει έναν χάρτινο αμφορέα και χορεύει γύρω από τη Νίκη και τη ραπτομηχανή. Μιμείται τις χορεύτριες.

ΝΟΡΜΑΝ

(χορεύοντας)

Με βλέπεις. Δεν ξέρω όλα τα βήματα, μα κάνω ό,τι μπορώ.

Ο Νόρμαν σταματάει και γέρνει πάνω στον αμφορέα. Η Νίκη γελάει.

35. Γ΄ Θέση – νύχτα

Ο καιρός έχει αρρωστήσει πολλές γυναίκες.

Μέσα στον αχανή χώρο, δυο-τρεις συντροφιές γέρνουν μια αριστερά, μια δεξιά σαν να κυματίζουν.

Η Νίκη βάζει τις δύο τελευταίες βελονιές στο σακάκι του καπετάνιου. Ενώ με τα δόντια της κόβει την κλωστή, πέφτει από τη μέσα τσέπη η φωτογραφία της Γιελένας.

Ξαφνιάζεται. Ψάχνει με τα μάτια εκεί που είναι συνήθως μαζεμένες οι Ρωσίδες. Τη βλέπει.

Με μια κουβέρτα στους ώμους, η Γιελένα χτενίζει και πλέκει τα μαλλιά των δύο κοριτσιών της αδελφής της. Η Νίκη γυρίζει τη φωτογραφία και διαβάζει. *Γιελένα από Οδησσό.*

36. Υπερωκεάνειο «King Alexander» εν πλω – νύχτα

Ο ωκεανός έχει αγριέψει λιγάκι.

Το «King Alexander» διασταυρώνεται με άλλο πλοίο.

Σφυρίζουν και τα δύο σε χαιρετισμό.

37. Κατάστρωμα Γ΄ Θέσης – νύχτα

Φυσάει.

Σε μια γωνιά του καταστρώματος, η Χαρώ και η Νίκη τυλιγμένες η καθεμιά με το σάλι της.

ΧΑΡΩ

Ο Αντώνης... πώς έμαθε άραγε να γράφει;

ΝΙΚΗ

Είχε δάσκαλο τον ψάλτη και βιβλίο το ευαγγέλιο.

ΧΑΡΩ

Μα δε μου γράφει χριστιανικά λόγια... Να με γαληνεύει, να με παρηγορεί. Τα λόγια του μου φέρνουν πυρετό. Λες να του κάνει άλλος τις επιστολές;

ΝΙΚΗ

Σάματι τις δικές σου, το αδερφάκι σου δε σ' τις έφτιαχνε; Τι σημασία έχει;

Η Χαρώ κάνει μια παύση και συνεχίζει μιλώντας αργά, με νοσταλγία.

ΧΑΡΩ

Αιτία να τον αγαπήσω ήταν τα γράμματα. Πιο πολύ τα γράμματα. Τα λόγια. Νικούλα, έχεις πάρει ποτέ ερωτικό γράμμα;

ΝΙΚΗ

Ούτε λέξη.

ΧΑΡΩ

Ποτέ δεν αγάπησες;

ΝΙΚΗ

(αργά και χαμηλόφωνα)

Ποτέ. Ούτε πρόκειται.

Η Χαρώ της χαϊδεύει το χέρι.

ΧΑΡΩ

Μεγάλες κουβέντες...

ΝΙΚΗ

Καθόλου. Δε θέλω. Όποτε έτυχε κάτι, κάποιος, γύριζα την πλάτη. Γλίτωσα τον έρωτα στα δεκαπέντε μου. Γλίτωσα και στα δεκαεννιά. Τέλος.

ΧΑΡΩ

Γιατί;

ΝΙΚΗ

Έτσι μου τα φέρνει η ζωή. Έτσι είμαι εγώ.

Σιωπή.

ΧΑΡΩ

Ίσως περίμενες κάποιον άλλο.

Η Νίκη χαμογελάει.

ΝΙΚΗ

Πού μάτια μου; Στο χωριό; Στο χωραφάκι με τις πατάτες;

ΧΑΡΩ

(μετά από λίγο)

Νίκη, γιατί δεν αφήνεις τον φωτογράφο να σε φωτογραφίσει;

ΝΙΚΗ

(αγνοεί την ερώτηση)

Έλα, Χαρώ μου. Έχουμε έναν προορισμό. Ας ορκιστούμε ότι θα στηρίξουμε η μία την άλλη.

Η Χαρώ βγάζει από ένα τσεπάκι τη φωτογραφία του Σαμιώτη ζαχαροπλάστη. Την πετάει στην ποδιά της Νίκης.

ΧΑΡΩ

Θεούλη μου... Άρχισα να μισώ έναν ζαχαροπλάστη.

ΝΙΚΗ

Φαντάσου να ήταν ανθρακωρύχος.

(παύση)

Και φοράς και τη βέρα του...

ΧΑΡΩ

Της μάνας μου ήταν.

Η μοδίστρα ανασηκώνει τη φούστα της και αποκαλύπτει ένα μικρό μπουκάλι.

ΝΙΚΗ

Γλυκό σαμιώτικο κρασί. Έφτιαξα κροσάκι σε δυο προσόψια μιας Σαμιώτισσας. Η αμοιβή μου.

Αποσπά με τα δόντια το φελό. Η Χαρώ είναι ακόμη στα δικά της.

ΧΑΡΩ

Αν είχα συναντήσει τον Αντώνη μια φορά έστω...

ΝΙΚΗ

Θα 'ταν πιο δύσκολος ο Καναδάς. Αδύνατος.

ΧΑΡΩ

Μην το λες. Αυτά τα γράμματα δε θα σβηστούνε ποτέ από την ψυχή μου. Τα έχω αποστηθίσει για όσο ζήσω. Σαν το Πάτερ ημών. Σαν το Πιστεύω.

Η Νίκη προτείνει το μπουκαλάκι και λέει ψιθυριστά.

ΝΙΚΗ

Άντε λοιπόν να μεταλάβουμε.

Δίνει στη Χαρώ να πιει, κατεβάζει κι αυτή δυο γουλιές και μετά πιάνει τη φωτογραφία του ζαχαροπλάστη και την περιεργάζεται. Τη γυρίζει και από την ανάποδη.

Λευκό χαρτί χωρίς αφιερώσεις. Επιστρέφει τη φωτογραφία στη Χαρώ.

Η Νίκη βγάζει από την τσέπη της τη φωτογραφία του Πρόδρομου. Την ακουμπάει δίπλα της και την κοιτά.

38. Φωτογραφείο πλοίου – ημέρα

Στην πόρτα του σκοτεινού θαλάμου η επιγραφή ΑΠΑΓΟΡΕΥΕΤΑΙ Η ΕΙΣΟΔΟΣ.

39. Σκοτεινός θάλαμος πλοίου – ημέρα

Στο ελάχιστο φως του σκοτεινού θαλάμου ο Νόρμαν και η Νίκη δίπλα δίπλα κοιτάζουν στο δίσκο εμφάνισης των φωτογραφιών. Τα σώματά τους σχεδόν ακουμπούν.

Ατμόσφαιρα προσδοκίας.

Η Νίκη, νιώθοντας τον Νόρμαν δίπλα της, κρατάει την αναπνοή της.

ΝΙΚΗ

(χαμηλόφωνα)

Γιατί μ' έφερες στο σκοτάδι;

ΝΟΡΜΑΝ

Θα δεις.

ΝΙΚΗ

Δε βλέπω τίποτα.

ΝΟΡΜΑΝ

Μη βιάζεσαι.

ΝΙΚΗ

Βιάζομαι. Θα με ψάχνουν.

ΝΟΡΜΑΝ

Τρία λεπτά μόνο...

ΝΙΚΗ

Θέλω να φύγω.

Ξαφνικά βλέπει να σχηματίζεται μια εικόνα.

ΝΙΚΗ

Αααα!

Ο Νόρμαν μοιράζει την προσοχή του στη φωτογραφία και στη Νίκη. Κι αυτός αισθάνεται την παρουσία της πολύ κοντά του.

Κουνάει απαλά το χαρτί μέσα στα υγρά.

Η Νίκη βλέπει την εικόνα σιγά σιγά να γίνεται σαφής.

Είναι το ΔΕΝΤΡΟ με τα ΚΟΥΡΕΛΑΚΙΑ στη Σμύρνη.

Δεν πιστεύει στα μάτια της. Κοιτάζει με δέος πότε τη φωτογραφία, πότε τον Νόρμαν που ευχαριστημένος και συγκινημένος την παρακολουθεί να στέκει μαγεμένη.

40. Γ΄ Θέση – βράδυ

Η Νίκη και η δεσποινίς Καρδάκη κάθονται μαζί και τρώνε το βραδινό τους, πατάτες και αυγά βραστά.

Η Νίκη έχει μία ερώτηση για τη δεσποινίδα Καρδάκη.

ΝΙΚΗ

Πιστεύετε ότι παντρευόμαστε τους κατάλληλους;

ΔΕΣΠΟΙΝΙΣ ΚΑΡΔΑΚΗ

Τι κατάλληλοι και ακατάλληλοι. Οι εργάτες δε σκέφτονται τέτοια πράματα.

Η Νίκη παίζει σκεφτική με το ΣΚΟΥΛΑΡΙΚΑΚΙ της.

ΔΕΣΠΟΙΝΙΣ ΚΑΡΔΑΚΗ

(εξομολογητική)

Κι ο πατέρας μου ξεδιάλεγε τους γαμπρούς. Ο ένας του βρωμούσε, ο άλλος του μύριζε. Κι έτσι πέρασε ο καιρός μου. Τώρα παντρεύω άλλους.

Παύση.

ΔΕΣΠΟΙΝΙΣ ΚΑΡΔΑΚΗ

Αυτό είναι το δέκατο υπερατλαντικό μου ταξίδι για τον ίδιο πάντοτε ιερό σκοπό. Μιλάω εκ πείρας. Ιδίως για τους μετανάστες, ο έρωτας είναι κακός μπελάς.

Γυρίζει στη Νίκη.

ΔΕΣΠΟΙΝΙΣ ΚΑΡΔΑΚΗ

(με τρυφερότητα)

Κλείσε τα μάτια και ονειρέψου...

(κλείνοντας τα μάτια της)

Μια πελώρια χώρα. Ξέρεις πόσοι άντρες φορούν παλιό πουκάμισο; Πόσοι χρειάζονται καινούργιο; Εκατομμύρια άντρες. Λοιπόν, κορίτσι μου, βάλε τον ποπό σου κάτω και ράψε. Ράψε. Σε δέκα χρόνια το ραφτάδικο στο Σικάγο θα το κάνεις βιοτεχνία.

41. Κατάστρωμα Α΄ Θέσης – πρωί

Μερικοί επιβάτες εδώ κι εκεί. Το ΟΥΤΙ και η φωνή της Χαρώς ακούγεται ως εδώ.

Η Εμινέ με τη βεντάλια και ο Νόρμαν με το καπέλο του βαδίζουν πάνω-κάτω στο κατάστρωμα.

Ο Νόρμαν κοντοστέκεται για λίγο.

ΝΟΡΜΑΝ

Να μπορούσα μόνο να φωτογραφίσω το χωριό της. Το παράθυρό της. Τις αδερφές της. Τη μάνα της.

Η Εμινέ θέλει ν' ακούσει κι άλλα.

ΝΟΡΜΑΝ

Μέχρι το ραφτάδικο στο Σικάγο θα πήγαινα για να ολοκληρώσω την ιστορία της. Σε τριάντα φωτογραφίες να πούμε.

ΕΜΙΝΕ

Θα σου λείπει μόνο η φωτογραφία της πρωταγωνίστριας, αφού, όπως λες, αρνείται να της κάνεις το πορτρέτο. Αν και στην περίπτωσή της δε νομίζω πως ενδιαφέρεσαι μόνο για τις τριάντα φωτογραφίες. Άσε που μπορεί η φτώχεια του μετανάστη να πάψει να είναι στη μόδα.

ΝΟΡΜΑΝ

Μα εγώ δεν πάω με τη μόδα.

ΕΜΙΝΕ

Άκου Νόρμαν. Αν ξέρω κάτι καλά είναι οι μπίζνες. Γιατί τρέχω στη Νέα Υόρκη; Μου σφυρίξανε για ένα τρίπατο ξενοδοχείο. Κελεπούρι. Πάω λοιπόν να το κλείσω. Κι εσύ παλληκάρι μου είσαι μέσα στα πράγματα, αλλά πέφτεις σε στραβούς και βλάκες.

Ο Νόρμαν την πιάνει αγκαζέ και συνεχίζουν το περπάτημα.

ΕΜΙΝΕ

Στην Ανατολή οι άντρες κλέβουν την αγαπημένη τους μια νύχτα χωρίς φεγγάρι και καλπάζουν μακριά πάνω σ' ένα άσπρο άλογο. Beyaz atin ustunde.

ΝΟΡΜΑΝ

(που του αρέσει η ιδέα)

Ξαναπές το.

ΕΜΙΝΕ

Στην Ανατολή είπα.

ΝΟΡΜΑΝ

(με χαμόγελο)

Sedece Anatolu' da mi, Emine? Μόνον εκεί;

Μα η Εμινέ τώρα στήνει αυτί στο τραγούδι της Χαρώς που δυναμώνει. Τραβάει τον Νόρμαν προς τα ρέλια για να ακούν καλύτερα.

ΕΜΙΝΕ

Θα 'θελα να διαβάσω το χέρι της.

ΝΟΡΜΑΝ

Έλα μαζί μου. Πάμε κάτω τώρα.
Θα βρούμε μια ήσυχη γωνιά.

Το πρόσωπο της Εμινέ σκοτεινιάζει. Η ανάσα της την πνίγει.

ΕΜΙΝΕ

Μιαν άλλη φορά, Νόρμαν.
Άσε με να μαζέψω λίγο ήλιο.

Και συνεχίζει μόνη το πάνω-κάτω στο κατάστρωμα με το κεφάλι ανασηκωμένο και τα μάτια μισόκλειστα.

42. Σαλόνι Α΄ Θέσης – ημέρα

Το 6χρονο κοριτσάκι με τα γυαλιά είναι ξαπλωμένο στο πάτωμα δίπλα στα πόδια της Νίκης που δουλεύουν τη ραπτομηχανή και παίζει με μια κούκλα.

Πίσω τους δυο 12χρονες καλλιγραφούν αρχαία ρητά σε παπύρους.

Ένας ναυτικός υπακούοντας στις οδηγίες της Μάριον κουβαλάει έναν χαρτονένιο αρχαίο κίονα πότε εδώ, πότε εκεί.

Δίπλα στη Νίκη ο καπετάνιος και ο Νόρμαν πίνουν τον καφέ τους παρακολουθώντας τον ιπτάμενο κίονα.

ΚΑΠΕΤΑΝΙΟΣ

(φωνάζει στη Μάριον)

Έξοχα, αγαπητή μου!

(στον Νόρμαν)

Τα υπερατλαντικά ταξίδια θέλουν χορούς και πανηγύρια για να περνάει η ώρα. Ψοφάω για ένα φορτηγό με πλήρωμα είκοσι άντρες, τον μάγειρά μου τον Ηρακλή, καθόλου επιβάτες, και να είμαστε κάπου στον Ινδικό. Βαρέθηκα να φτιάνω χωρίστρα τρεις φορές τη μέρα.

Πλησιάζει η Μάριον.

ΜΑΡΙΟΝ

Κύριοι, κερνάω απεριτίφ.

ΚΑΠΕΤΑΝΙΟΣ

Εδώ ο οικοδεσπότης είμαι εγώ. Όχι εσύ.

ΝΟΡΜΑΝ

Άλλη ώρα, Μάριον.

Ο καπετάνιος γέρνει και ψιθυρίζει στη Νίκη.

ΚΑΠΕΤΑΝΙΟΣ

(νοσταλγικά)

Έχεις τα μάτια της Μαρούσας μου.

Και φεύγει με τη Μάριον. Φεύγουν οι 12χρονες, φεύγει και ο ναυτικός.

Λησμονημένη και απαρατήρητη στο πάτωμα, η 6χρονη ακόμη θαυμάζει τη ραπτομηχανή.

ΝΙΚΗ

Πρώτη μου δουλειά στην Αμερική είναι να στείλω μπογιές στη μικρή μου αδερφή. Είναι 15 χρόνων. Ζωγραφίζει τις θάλασσες, τα κοχύλια, τα κύματα.

ΝΟΡΜΑΝ

Σου λείπει.

7°

ΝΙΚΗ

Την αγαπώ. Αγαπώ και τα βράχια. Τους γλάρους.

ΝΟΡΜΑΝ

Κολυμπάς;

ΝΙΚΗ

Μακάρι να ήξερα. Αλλά βουλιάζω. Υπάρχει μια λίμνη στο Σικάγο. Η νονά λέει πως είναι μεγάλη σαν το Αιγαίο. Ευτυχώς για μένα.

(χαμογελώντας)

Οι Έλληνες πεθαίνουμε δίχως γαλάζιο.

ΝΟΡΜΑΝ

Κι οι Ιρλανδοί καμιά φορά. Η γιαγιά μου μιλούσε συνεχώς για τα κύματα που έσπαγαν στους βράχους. Στο Κορκ. Πρώτα νοσταλγούσε, ύστερα μελαγχολούσε. Όταν ένιωθε νοσταλγία, μαγείρευε αλμυρά. Όταν την έπιανε μελαγχολία, έψηνε κέικ.

Η Νίκη χαμογελάει.

ΝΟΡΜΑΝ

Καταλαβαίνεις;

ΝΙΚΗ

Νοσταλγία, ελληνική λέξη.

ΝΟΡΜΑΝ

Melancholy?

ΝΙΚΗ

(στα ελληνικά)

Μελαγχολία.

(στα αγγλικά)

Μου φαίνεται πως θα σου δώσω πίσω τους Αγγλο-Ελληνικούς διαλόγους.

Ο Νόρμαν γελάει. Αρπάει μια καρέκλα και κάθεται κοντά της στη ραπτομηχανή.

ΝΟΡΜΑΝ

Σου λείπει κιόλας ο τόπος σου.

Η Νίκη βγάζει από τη μηχανή το άδειο καρουλάκι της κλωστής και βάζει άλλο.

ΝΙΚΗ

Πού καιρός για τέτοια. Λένε πως στην Αμερική το πρώτο πράμα στη ζωή είναι η δουλειά. Έ, λοιπόν. Η Αμερική φτιάχτηκε για τη Νίκη Δούκα.

ΝΟΡΜΑΝ

Σταμάτα και λίγο. Ξεκούρασε τα μάτια σου. Ίσιωσε τη μέση σου. Πιες από τον καφέ μου.

Της προσφέρει το φλιτζάνι του. Η Νίκη αφήνει το γαζί. Χαμηλώνει τα μάτια, φέρνει τον καφέ του στα χείλη της και πίνει μια γουλιά. Η πράξη και η γεύση την αναστατώνουν.

ΝΟΡΜΑΝ

Πολυαγαπημένη μου Νίκη. Χθες όλη νύχτα σε σκεφτόμουν.

Η Νίκη ξαφνικά τρέμει.

ΝΟΡΜΑΝ

Κάπως έτσι θα άρχιζε ένα ερωτικό γράμμα.

Έχεις λάβει παρόμοια γράμματα. Έτσι Νίκη;

Η Νίκη σωπαίνει.

ΝΟΡΜΑΝ

Ο Νικόλας λέει πως τα διαβάζεις στη Χαρώ.

ΝΙΚΗ

(σιγανά)

Δικά της είναι.

Παύση.

ΝΟΡΜΑΝ

Εσύ δεν έχεις λάβει;

ΝΙΚΗ

Ποτέ.

Ξαφνικά η μηχανή αρχίζει να δουλεύει μόνη της.

Κοιτούν κάτω. Το κοριτσάκι γυρίζει τα πεντάλ με τα χέρια του κάνοντας κούνια την κούκλα.

Η Νίκη μαζεύει τη μικρή από το πάτωμα κι εκείνη το βάζει στα πόδια.

Ο Νόρμαν σέρνει την καρέκλα του ακόμη πιο κοντά στη ραπτομηχανή και ακουμπά τους αγκώνες στο ξύλο.

ΝΙΚΗ

(ψιθυριστά στα ελληνικά)

Θεέ μου... Τι μου συμβαίνει;

ΝΟΡΜΑΝ

Έλα, Νίκη, μετάφρασέ το.

ΝΙΚΗ

Είναι μια προσευχή στα ελληνικά.

43. Λουτήρες Γ΄ Θέσης – νύχτα

Πέντε τούρκικες λεκάνες, πέντε νιπτήρες.

Στο λιγοστό φως που φέρνει το φεγγάρι από τα φινιστρίνια βλέπουμε δύο γυναίκες, από τη μέση και πάνω γυμνές. Μ' ένα βρεμένο πανάκι η καθεμιά στο χέρι καθαρίζουν το λαιμό, τα στήθη, τις μασχάλες τους. Η Νίκη και η Χαρώ.

Η Χαρώ πλένεται πολύ προσεχτικά. Έχει τσουξίματα, έχει πόνους, έχει και γυρισμένη την πλάτη να μην τη βλέπει η Νίκη.

Η Νίκη σταματάει να πλένεται, μαζεύει με δυο φουρκέτες τα μαλλιά της, ακουμπάει τα δάχτυλά της στον αδύνατο ώμο της Χαρώς και την πιέζει να γυρίσει προς αυτήν.

ΧΑΡΩ

Όταν αρνήθηκα να ξενιτευτώ, ο πατέρας μου μ' έσπασε στο ξύλο.

Πήρα το μπογαλάκι μου κι έφυγα να πάω στην Πόλη. Το αδερφάκι μου μου είχε δώσει τις πενταροδεκάρες του να πάρω στον Αντώνη κεράσια και τσιγάρα. Ο πατέρας μου όμως με πήρε είδηση, με κυνήγησε στα καλαμπόκια και με αποτελείωσε.

Τα στήθη της είναι ασημένια στο φως του φεγγαριού, μα στομάχι, κοιλιά και πλευρά έχουν μελανιές.

ΧΑΡΩ

Με μισέρωσε. Κι ας μ' αγαπά σαν τρελός.

ΝΙΚΗ

Τότε;

ΧΑΡΩ

Απελπισμένος. Όλο πόλεμοι εκεί κάτω. Αν δεν τραβήξω τα αγόρια στην Αμερική, σε δυο-τρία χρόνια τα παίρνουν φαντάρους. 16 και 15 χρονών. Εγώ τα μεγάλωσα.

ΝΙΚΗ

Σήκωσε τα χέρια σου τώρα. Έλα, μη με ντρέπεσαι.

Η Χαρώ σηκώνει τα χέρια, η Νίκη της σφουγγίζει προσεχτικά τις πληγές της.

ΝΙΚΗ

Μέχρι να πας στον Καναδά δε θα φαίνεται τίποτα.

Η Χαρώ πιάνει απαλά το μπράτσο της Νίκης, σχεδόν τη χαϊδεύει.

ΧΑΡΩ

Ξαφνικά, Καναδάς... Τι ξέρουμε γι' αυτούς Νίκη; Τη δουλειά τους και τη διεύθυνσή τους μόνο.

Η Νίκη δεν απαντάει. Παίρνει μια καθαρή πουκαμίσα και την περνάει από το κεφάλι της φίλης της.

ΧΑΡΩ

Νικούλα... Πώς θα πέσουμε στο κρεβάτι μ' έναν άγνωστο άντρα;

44. Γ΄ Θέση – νύχτα

Οι γυναίκες κοιμούνται.

Η Νίκη και η Χαρώ βλέπουν την πόρτα που μισανοίγει. Στο άνοιγμα στέκεται για λίγο ο Καραμπουλάτ. Αλαφροπατώντας πάει εκεί που είναι αραδιασμένες οι Ρωσίδες. Σκουντάει τη Γιελένα, τη γυναίκα της φωτογραφίας, που τον ακολουθεί υπάκουα προσέχοντας μην ξυπνήσει τις άλλες.

Ο Καραμπουλάτ παίρνει είδηση τη Νίκη που τον κοιτάζει. Κοντοστέκεται. Κατόπιν τραβάει τη Γιελένα έξω και κλείνει πάλι την πόρτα.

ΝΙΚΗ

Ο ίδιος άνθρωπος χτες τη νύχτα σήκωσε μιαν άλλη Ρωσίδα. Όταν τη γύρισε, μετά από ώρα, μύριζε από μακριά άρωμα.

Η Νίκη και η Χαρώ αντιλαμβάνονται τι τρέχει και φοβούνται.

ΧΑΡΩ

(ψιθυριστά)

Νίκη, κι αν αύριο τη νύχτα έρθουν για μένα;

ΝΙΚΗ

Ξέρουν ποιες σηκώνουν.

ΧΑΡΩ

Κι αν μπερδευτούν;

ΝΙΚΗ

Κλότσα τους. Αμάν, Χαρώ, ξέρεις χίλια τραγούδια. Δε σου μάθανε τίποτα για τη ζωή;

ΧΑΡΩ

Άλλο η μουσική κι άλλο...

Κουνάει το κεφάλι.

ΝΙΚΗ

Εφτακόσιες γυναίκες πάμε στην Αμερική όχι για χειρότερα, μα για καλύτερα.

Και παράτα τους λυπητερούς σκοπούς. Μας μαυρίζεις την ψυχή. Και τη δική σου.

Μέσα στο σκοτάδι ξεχωρίζουν κάποια μάτια ανοιχτά, κάνα δυο κεφάλια ανασηκωμένα. Είναι κι άλλες που έχουν δει.

45. Καμπίνα Τούρκου εμπόρου Α΄ Θέση – νύχτα

Η Γιελένα γδύνεται αργά έχοντας γυρίσει την πλάτη σε έναν Τούρκο έμπορο που κάθεται σε μια πολυθρόνα πίσω της. Ο άντρας έρχεται κοντά της, την αγκαλιάζει και της βάζει κοντά στο πρόσωπό της τη χούφτα του σφιχτοκλεισμένη. Η Γιελένα κοιτάζει το χέρι του. Το ανοίγει και φαίνεται μια μεταξωτή κάλτσα.

ΤΟΥΡΚΟΣ ΕΜΠΟΡΟΣ
(στα τούρκικα, κουνώντας την κάλτσα)
Την άλλη, αύριο βράδυ.

46. Σαλόνι Α΄ Θέσης - ημέρα

Ο Καραμπουλάτ έχει ρίξει στους ώμους του ένα χιτώνα.
Η Νίκη έχει βελόνες στο στόμα και είναι σκυμμένη πάνω από τη μηχανή της.

ΚΑΡΑΜΠΟΥΛΑΤ
Πολύ χασομεράς. Εφτά μέρες τώρα
γαζώνεις, γαζώνεις, γαζώνεις. Μήπως
η κυρία γουστάρει την Α΄ Θέση;

Η Νίκη γυρίζει και τον κοιτάζει με παγωμένο βλέμμα. Του τείνει ένα πανί και μια βελόνα.

ΝΙΚΗ
Ράψ' τα εσύ.

ΚΑΡΑΜΠΟΥΛΑΤ
Μη μου βγάζεις γλώσσα εμένα.

ΝΙΚΗ
Δε σε φοβάμαι. Εγώ δεν είμαι Γιελένα.

Ο Καραμπουλάτ της τραβάει απότομα ό,τι γαζώνει και το πανί σκίζεται στα δυο.

ΝΙΚΗ

Είσαι κακός άνθρωπος.

Κατεβάζει με ορμή το καπάκι της μηχανής και ο Καραμπουλάτ μόλις που προλαβαίνει να τραβήξει το χέρι του.

ΚΑΡΑΜΠΟΥΛΑΤ

Σκύλα.

Η Νίκη φεύγει βιαστικά.

Ο Καραμπουλάτ τραβάει από τους ώμους του το χιτώνα, τον πετάει κάτω και τρέχει ξοπίσω της.

47. Διάδρομος 1 Α΄ Θέσης – ημέρα

Γρήγορο βάδισμα, σχεδόν κυνηγητό, με τη Νίκη μπροστά και τον Καραμπουλάτ πίσω σε δύο-τρεις διαδρόμους. Τη φτάνει και τη στριμώχνει σε μια γωνιά.

ΚΑΡΑΜΠΟΥΛΑΤ

Δεν είσαι Παναγία εσύ. Κάπου έχεις κάνει τα δικά σου και θα τα μάθω.

ΕΜΙΝΕ

(ακούγεται από το βάθος του διαδρόμου)

Νίκη; Τι συμβαίνει;

Ο Καραμπουλάτ γυρίζει και βλέπει την Εμινέ.

ΚΑΡΑΜΠΟΥΛΑΤ

(αργά και άνετα)

Πώς μαγειρεύουν τα μπαρμπούνια;

Σε σάλτσα δεντρολίβανου ή ψητά, τυλιγμένα σε κληματόφυλλα;

Η Εμινέ παραξενεύεται.

ΚΑΡΑΜΠΟΥΛΑΤ

Τη ρωτούσα συνταγές από τα ελληνικά νησιά.

Σκύβει προς τη Νίκη.

ΚΑΡΑΜΠΟΥΛΑΤ

Αν δε θες να σε ξεφτιλίσω, το στόμα σου κλειστό.

Ο Καραμπουλάτ υποκλίνεται και φεύγει.

Η Εμινέ πλησιάζει αργά. Κοιτάζει τη Νίκη ερωτηματικά. Η Νίκη σωπαίνει.

48. Γ΄ Θέση – νύχτα

Πίσω από το αυτοσχέδιο παραβάν η δεσποινίς Καρδάκη με νυχτικό, ξετυλίγει τον κότσο της.

Η Νίκη σκύβει στο αυτί της.

ΝΙΚΗ

Είναι Ρωσίδα. Δε θέλω να πω ποια είναι. Αυτός ο Γεωργιανός, πολύ βρώμικος. Πολύ επικίνδυνος φαίνεται. Με απείλησε.

ΔΕΣΠΟΙΝΙΣ ΚΑΡΔΑΚΗ

Τον κύριο Καραμπουλάτ τον έχω ακουστά. Έχει παντρέψει και αρραβωνιάσει δεκάδες κοπέλες. Έχει ευεργετήσει εκατοντάδες Ρωσίδες.

Η Νίκη της πιάνει το μπράτσο δυνατά.

ΝΙΚΗ

Δεσποινίς Καρδάκη, πρέπει να με ακούσετε.

Η δεσποινίς Καρδάκη γέρνει προς τη Νίκη.

ΔΕΣΠΟΙΝΙΣ ΚΑΡΔΑΚΗ

Κοίτα, έχω άλλη φιλοσοφία εγώ. Θα στραβοπέσουν πέντε, δέκα γυναίκες, μα θα σωθούν εκατοντάδες άλλες.

Ξέρω τι λέω κι έχω αμέτρητες αποδείξεις. Φωτογραφίες από νεογέννητα, προσκλήσεις για δεξιώσεις σε βαφτίσια, προσκλήσεις για ρεσιτάλ από μαντολινάτες μεταναστών. Αυτά τα υπεραντλαντικά ταξίδια είναι ευλογημένα.

(σύντομη παύση)

Έχω προνόμια και έκπτωση στα εισιτήρια. Δεν είναι φρόνιμο να τα διακινδυνεύσω. Γύρευε τη δουλειά σου. Μια βδομάδα έμεινε ακόμα.

ΝΙΚΗ
(αντιλέγει)
Μα δεν είμαστε ζώα. Ούτ' εμείς ούτ' εκείνες.

Η δεσποινίς Καρδάκη περνάει ένα φιλέ στο μαλλί και κλείνει την κουβέντα.

ΔΕΣΠΟΙΝΙΣ ΚΑΡΔΑΚΗ
Προπαντός, δε θέλω να τρομάξω τα ορφανά μου. Τελεία και παύλα.

Η Νίκη την κοιτάζει θυμωμένη.

ΝΙΚΗ
Προπαντός, δε θες να χάσεις το ντερέσο σου.

49. Κοντά στις λέμβους, Γ΄ Θέση – νύχτα

Η Χαρώ μόνη βαδίζει πάνω-κάτω στο διάδρομο.
Ένας ηλικιωμένος ναυτικός σε υπηρεσία την παρακολουθεί με την άκρη του ματιού. Την πλησιάζει.

ΗΛΙΚΙΩΜΕΝΟΣ ΝΑΥΤΙΚΟΣ
(πατρικά)
Άντε μέσα, παιδί μου. Τρεις ώρες είσαι εδώ. Άσε τις έγνοιες και κοιμήσου μια στάλα.

Η Χαρώ αποσύρεται.

50. Σαλόνι Α΄ Θέσης - νύχτα

Μια αντροπαρέα παίζει μπριτζ. Έλληνες, Γάλλοι, Αμερικάνοι, Τούρκοι και άλλοι έχουν μπει για καλά στο παιχνίδι.

Στον πάγκο του μπαρ, ο Καραμπουλάτ παρακολουθεί το φωτογράφο να έρχεται καταπάνω του. Ο Νόρμαν κάθεται δίπλα του.

ΝΟΡΜΑΝ

Εσένα, θα σου κάνω χοντρή ζημιά. Αλλά πριν, θέλω να πούμε δυο κουβέντες.

ΚΑΡΑΜΠΟΥΛΑΤ

(σιγανά)

Μπράβο στη σεμνή μοδίστρα μας που σου τα ξέρασε. Χίλια μπράβο στη ρουφιάνα.

Ο Νόρμαν σηκώνει το χέρι του, αλλά ο Καραμπουλάτ το πιάνει στον αέρα.

ΚΑΡΑΜΠΟΥΛΑΤ

(στον σερβιτόρο)

Στον εκλεκτό καλλιτέχνη απ' εδώ, ένα αρωματικό τσάι του βουνού, απ' εκείνο που σου φέρνω.

ΝΟΡΜΑΝ

Ωραία παράσταση. Μα το Θεό, είσαι μεγάλο ταλέντο.

ΚΑΡΑΜΠΟΥΛΑΤ

Είμαι.

ΝΟΡΜΑΝ

Φίδι.

ΚΑΡΑΜΠΟΥΛΑΤ

Είμαι.

ΝΟΡΜΑΝ

Μπάσταρδε.

ΚΑΡΑΜΠΟΥΛΑΤ

Κι απ' αυτό είμαι.

(και σε λίγο)

Δεν είχα πατέρα, αλλά η μάνα μου είχε αρχίδια σαν δέκα άντρες.

ΝΟΡΜΑΝ

Εγώ θα φωτογραφίσω τις φουκαριάρες σου και ας μη σ' αρέσει.

ΚΑΡΑΜΠΟΥΛΑΤ

Σιγά το θάρρος. Πριν τρία χρόνια ένας ψυχοπονιάρης με κατήγγειλε στην Αστυνομία.

ΝΟΡΜΑΝ

Και;

ΚΑΡΑΜΠΟΥΛΑΤ

Έπρεπε να τα έβλεπες εκείνα τα τέσσερα φτωχά μουνιά μου, πώς σπάραζαν καθώς τα έστελναν πίσω στην κόλαση.

ΝΟΡΜΑΝ

Κάθαρμα. Και γω που νόμιζα πως πουλάς μόνο γυμνές φωτογραφίες.

ΚΑΡΑΜΠΟΥΛΑΤ

Οι εργένηδες, μετανάστες και μη, ορκίζονται στο όνομά μου.

Αλλά κι εσύ εργένικη ζωή κάνεις. Γαμάς πού και πού ή όχι;

Ο Νόρμαν τον κοιτάζει αηδιασμένος. Θέλει να τον σπάσει στο ξύλο αλλά τον σταματάει η παρουσία άλλων.

51. Γ΄ Θέση – ημέρα

Μέσα απ' το φακό της κάμερας βλέπουμε το πρόσωπο της Όλγκας μαυρόασπρο. Με το νυφικό και το πέπλο της Χαρώς, ακίνητη, τιτιβίζει ασταμάτητα στα ρώσικα.

Νίκη, Χαρώ και Νικόλας παρακολουθούν.

ΝΟΡΜΑΝ

Νίκη, πες στις Ρωσίδες να ετοιμάζονται σιγά σιγά. Με νυφικά ή χωρίς.

Η Νίκη πάει.

Ο Νόρμαν καδράρει την Όλγκα έτοιμος να τη φωτογραφίσει.

ΝΟΡΜΑΝ
Νικόλα, στάσου δίπλα στην Όλγκα.

Κόκκινος σαν παντζάρι ο Νικόλας, διστάζει. Οι άλλες ξαφνιάζονται.

ΝΟΡΜΑΝ
(αποφασιστικά)
Άντε Νικόλα, μη με καθυστερείς.

Η Νίκη επιστρέφει και βλέπει τον Νικόλα που πηγαίνει και στέκεται δίπλα στην Όλγκα.

Το βλέμμα της Χαρώς όλο τρυφεράδα. Της Νίκης ανήσυχο και προστατευτικό.

Ο Νόρμαν καδράρει τα παιδιά που στέκονται κλαρίνο, σεμνά και λίγο χαμένα. Την τελευταία στιγμή πιάνονται χέρι χέρι.

Ο Νόρμαν τραβάει τη φωτογραφία του έφηβου ζευγαριού.

52. Καμπίνα καπετάνιου – ημέρα

Ο καπετάνιος στο γραφειάκι του, καθαρίζει τα γυαλιά του.

Ο Νικόλας ακουμπισμένος στην πόρτα της καμπίνας, αμήχανος, παίζει με τον βαφτιστικό του σταυρό στο λαιμό.

Ο καπετάνιος περιμένει υπομονετικά.

Ο Νικόλας ανοίγει επιτέλους το στόμα του.

ΝΙΚΟΛΑΣ

Εγώ δε θα κάτσω στα βαπόρια να πνιγώ σαν τον αδερφό μου. Θ' ανοίξω εστιατόριο. «Η Μυροβόλος Μύκονος».

Κοιτάζει λοξά τον καπετάνιο.

ΝΙΚΟΛΑΣ

Γι' αυτό, νονέ, να μου δώσεις τα μηνιάτικα που μου φυλάς.

Ο καπετάνιος κοιτάζει το παιδί επίμονα.

ΚΑΠΕΤΑΝΙΟΣ

Τώρα θες τον παρά;

ΝΙΚΟΛΑΣ

Ναι.

ΚΑΠΕΤΑΝΙΟΣ

Στη Νέα Υόρκη θα ανοίξεις την επιχείρηση;

ΝΙΚΟΛΑΣ

Στον Πειραιά.

ΚΑΠΕΤΑΝΙΟΣ

Εσύ θα μαγειρεύεις;

ΝΙΚΟΛΑΣ

Η Όλγκα.

ΚΑΠΕΤΑΝΙΟΣ

Καλά μου τα 'πανε λοιπόν. Όλο ξεμοναχιάσματα, σορόπια και φωτογραφίες. Ώστε η κυρία χρειάζεται επί τόπου τον παρά. Βλάκα. Να σου τα φάει μια πουτάνα.

ΝΙΚΟΛΑΣ

Δεν είναι πουτάνα, νονέ.

Ο καπετάνιος θυμώνει κι αστράφτει ένα γερό χαστούκι στον Νικόλα.

ΚΑΠΕΤΑΝΙΟΣ

Και η μάνα σου βρε; Μια σταλιά σκατό και γαμπρίζεις;

ΝΙΚΟΛΑΣ

Εσύ που είσαι γέρος 50 χρονώ, έχεις ερωτοδουλειές. Δε θα 'χω εγώ που είμαι 17;

Ο καπετάνιος τον ταράζει στα χαστούκια, αναψοκοκκινίζει, γίνεται πολύ βίαιος.

ΚΑΠΕΤΑΝΙΟΣ

Σκασμός, αχάριστε. Και σ' έχω σα γιο μου.

(τον κλοτσάει)

Εκείνος ο φωτογράφος φταίει για όλα.

Ο καπετάνιος σταματάει να πάρει ανάσα.

ΚΑΠΕΤΑΝΙΟΣ

Κωλόπαιδο.

Πλησιάζει στο φινιστρίνι και κοιτάζει έξω φουντωμένος και σκεφτικός.

53. Σαλόνι Α΄ Θέσης – σούρουπο

Σ' ένα τραπέζι δίπλα στη Σίγγερ η Νίκη, όρθια, σιδερώνει ένα χιτώνα. Άλλοι δύο χιτώνες σιδερωμένοι κρέμονται σε μια κρεμάστρα.

Ο Νόρμαν κάθεται κοντά της.

ΝΙΚΗ

Έχασα τη Χαρώ χθες βράδυ. Τριγύριζε όλη νύχτα μόνη στα καταστρώματα. Τη βρήκα λίγο προτού φέξει.

ΝΟΡΜΑΝ

Σαν να μην μπορώ να ξεκολλήσω το μυαλό μου από εσάς, εκεί κάτω. Αισθάνομαι ότι δεν ανήκω πια εδώ πάνω.

ΝΙΚΗ

Μόλις φτάσουμε στην Αμερική θα πετάξεις μακριά. Σαν πουλί. Δε θα σε ξαναδούμε.

Σιωπή.

ΝΟΡΜΑΝ

Θα ήθελες να με ξαναδείς;

ΝΙΚΗ

(χαμηλώνοντας τα μάτια)

Η Αμερική είναι μεγάλη. Οι άνθρωποι χάνονται. Και θα πετάξω κι εγώ. Θα πετάξω... σιδηροδρομικώς. Νέα Υόρκη- Σικάγο, εφτά δολάρια το εισιτήριο της Γ' Θέσης.

Ο Νόρμαν την κοιτάζει συνεχώς στα μάτια.

ΝΙΚΗ

(ταραγμένη)

Πάντως σ' ευχαριστούμε που έβαλες στη θέση του τον Γεωργιανό. Έτρεμε η ψυχή μου για τη μικρή. Την Όλγκα λέω.

Η δουλειά τέλος. Η Νίκη κρεμάει το χιτώνα. Μαζεύει στο καλαθάκι της πελότα, ψαλίδι, κορδέλες.

Ο Νόρμαν την παρακολουθεί να λαδώνει τη μηχανή και να τη σκεπάζει.

ΝΙΚΗ

Έχασες ήδη το βραδινό. Δε θα προλάβεις ούτε το γλυκό.

ΝΟΡΜΑΝ

Δεν πρόκειται να πάω.

Κοιτάζονται.

ΝΙΚΗ

(στα ελληνικά)

Ωραία μάτια που έχεις...

ΝΟΡΜΑΝ

Νίκη, έλα. Μετάφρασε.

ΝΙΚΗ

Μυρίζω... τη βροχή.

Ο Νόρμαν και η Νίκη με το καλαθάκι στο χέρι περπατούν αργά και βγαίνουν στο πλαϊνό κατάστρωμα.

54. Κατάστρωμα Γ΄ Θέσης – νύχτα

Ο Νόρμαν και η Νίκη βαδίζουν δίπλα δίπλα, σιωπηλοί, στο διάδρομο ως πέρα.

Η Νίκη κοιτάζει τον σκοτεινό ορίζοντα.

ΝΙΚΗ

Ήσυχο ταξίδι... χωρίς φουρτούνες...

(μετά από παύση)

Στο μπαουλάκι μου σέρνω ένα νυφικό που πάει κι έρχεται τον Ατλαντικό. Πάει κι έρχεται. Το 1909 με τη νονά. Το 1921. Τώρα, 1922. Άτυχο νυφικό. Πάει κι έρχεται.

Ο Νόρμαν την κοιτάζει, αλλά η Νίκη αποφεύγει το βλέμμα του.

Ξαναπερπατούν πάνω-κάτω το διάδρομο. Κάθονται σ' ένα παγκάκι. Η Νίκη ακουμπά το καλαθάκι στην ποδιά της.

Αυτή κοιτάζει τη θάλασσα κι ο Νόρμαν κοιτάζει αυτήν. Της παίρνει το καλαθάκι. Καθώς το αφήνει στο δάπεδο, παρατηρεί το λυμένο κορδονάκι του παπουτσιού της. Σκύβει να το δέσει. Αναστατωμένη η Νίκη μαζεύει το πόδι της. Ο Νόρμαν την κοιτάζει μην ξέροντας αν πρέπει να προχωρήσει. Μετά από ένα λεπτό, η Νίκη ξαναγλιστράει προσεχτικά το πόδι προς το μέρος του. Της δένει το κορδόνι. Δεν ξανακάθεται δίπλα της. Ακουμπά στα ρέλια.

Μένουν κι οι δυο να ακούν τον ήχο του ωκεανού.

55. Μπαρ Α΄ Θέσης – μεσάνυχτα

Τα φώτα χαμηλωμένα. Ένας σερβιτόρος μαζεύει βρώμικα ποτήρια και τασάκια.

Μόνος πελάτης ο Νόρμαν που κάθεται στον πάγκο, μπροστά στη μισοτελειωμένη μπίρα του, χαμένος σε σκέψεις.

56. Διάδρομος μεταξύ Α΄-Γ΄ Θέσης – πρωί

Μια πόρτα ανοίγει απότομα κι από την Γ΄ Θέση πετάγεται έξω η Νίκη, σοβαρή, κρατώντας κάτι στα χέρια.

Από μέσα ακούγεται ένα ασυνήθιστο βουητό.

Η Νίκη διασχίζει γρήγορα διαδρόμους και ανεβαίνει μια σκάλα με την ένδειξη ΠΡΟΣ Α΄ ΘΕΣΗ.

Ο ναυτικός που έχει εκεί υπηρεσία διαμαρτύρεται.

57. Είσοδος Α΄ Θέσης – πρωί

Η Νίκη σκουντάει έναν θαλαμηπόλο που κρατάει δίσκο

με πρωινά, τη βλέπει και κολλάει μόνος του στον τοίχο. Προσπερνάει τρεις-τέσσερις επιβάτες που όλοι γυρίζουν και την κοιτούν. Άλλοι παραξενεμένοι, άλλοι ενοχλημένοι.

58. Τραπεζαρία πρωινού Α΄ Θέσης – πρωί

Δύο σερβιτόροι τοποθετούν σε μεγάλο τραπέζι δίσκους με φραντζολάκια, κρουασάν, κέικ.

Μία πολυλογάδικη οικογένεια Τούρκων σπάνε τα βραστά αυγά τους στις αυγουλιέρες, διασκεδάζοντας.

Μόνος σ' ένα τραπέζι μπροστά σ' έναν καφέ και λίγο τυρί ο Νόρμαν. Ξαφνικά βλέπει τη Νίκη που εν ριπή οφθαλμού στέκεται δίπλα του, σπρώχνει το φλιτζάνι του στην άκρη και απλώνει στο τραπέζι πέντε ίδιες φωτογραφίες υποψήφιου γαμπρού.

Πρόκειται για τον Γκενάντι, το μνηστήρα της Όλγκας.

ΛΑΡΙΣΣΑ

(ακούγονται οι κραυγές της στα ρώσικα)

Θέλω το μωρό μου. Πού είναι το μωρό μου;

59. Γ΄ Θέση – ημέρα

Η 30χρονη νύφη της φωτογραφίας Λαρίσσα σπαράζει.

ΔΕΣΠΟΙΝΙΣ ΚΑΡΔΑΚΗ

(προσπαθώντας να την ηρεμήσει)

Τι έχεις; Ηρέμησε.

Μπαίνει ο Νόρμαν, ακολουθεί η Νίκη. Γύρω χαμός. Πανικός και υστερία.

ΛΑΡΙΣΣΑ

Άφησα πίσω έξι μηνών μωρό...

Η Χαρώ χλωμή, τρέμει.

Οι έξι Σαμοθρακίτισσες παρηγορούν τις πέντε μισολιπόθυμες Ρωσίδες.

ΝΙΚΗ

(στον Νόρμαν)

Αυτές οι πέντε Ρωσίδες πάνε στον ίδιο γαμπρό. Η Όλγκα, η Γιελένα...

Η Γιελένα είναι η μόνη ψύχραιμη.

Πολλές κοπέλες έχουν μαζευτεί γύρω από τη δεσποινίδα Καρδάκη που κραδαίνει ένα μάτσο φωτογραφίες και κάρτες.

Δίπλα στον Νόρμαν σιωπηλές και τρομοκρατημένες η Ρωσίδα χήρα μ' ένα απλό άσπρο φόρεμα και τα δυο κοριτσάκια της ντυμένα παρανυφάκια. Ήταν η σειρά τους να βγουν φωτογραφία. Ο Νόρμαν χαϊδεύει τα κεφάλια των παιδιών.

Η Νίκη βλέπει τη Χαρώ πολύ φοβισμένη. Πετάγεται κοντά της. Της πιάνει το χέρι.

ΝΙΚΗ

Τώρα, πρέπει να φροντίσουμε άλλες, Χαρούλα. Για κάνε λίγο κουράγιο.

Μπαίνουν δύο ναυτικοί.

1ος ΝΑΥΤΙΚΟΣ

Ε! Τι τρέχει;

ΝΟΡΜΑΝ

(στον ναυτικό)

Αυτή δεν είναι δική σου δουλειά. Πού στο διάβολο είναι ο καπετάνιος; Θα τα πω στους πλοιοκτήτες. Θα τα πω στις εφημερίδες.

ΝΙΚΗ

(στον Νόρμαν)

Πες στον καπετάνιο, ντροπή του να κάνει τα στραβά μάτια. Εκ μέρους της Νίκης, της μοδίστρας, πες του. Εκεί στην Α΄ Θέση, οι μισοί χαριεντίζονται με τον Γεωργιανό. Εδώ στην Γ΄ όμως...

Η Νίκη πηδάει σβέλτα πάνω από μπόγους και μπαούλα να καλμάρει γυναίκες που κλαίνε.

Πίσω από μια κουσέτα της την έχει στημένη η Γιελένα. Της ρίχνει ένα βλέμμα-φαρμάκι. Κι ένα χαστούκι-φωτιά. Η Νίκη τα χάνει. Αλλά για λίγο.

Πιάνει το χέρι που τη χαστούκισε και το φιλάει.

60. Καμπίνα καπετάνιου – ημέρα

Ο Καπετάνιος, ο Καραμπουλάτ και ο Νόρμαν σε μεγάλη ένταση.

Οι πέντε φωτογραφίες είναι στο τραπέζι.

ΚΑΡΑΜΠΟΥΛΑΤ

Ήταν ένα λάθος, αγαπητέ Νόρμαν. Έχει ξανασυμβεί. Θα το διορθώσω αμέσως. Με τόσους μετανάστες που έχει να κάνει ο συνεργάτης μου, φυσικό είναι να μπερδεύει καμιά φορά τις φωτογραφίες.

ΝΟΡΜΑΝ

Η Όλγκα είναι μόνο 16 χρονώ.

ΚΑΡΑΜΠΟΥΛΑΤ

Φαίνεται 20.

ΝΟΡΜΑΝ

Και η Γιελένα από την Οδησσό;

Ο καπετάνιος έρχεται σε δύσκολη θέση.

ΚΑΠΕΤΑΝΙΟΣ

Η δουλειά μου, κύριε, είναι να μη σας πνίξω. Δεν είμαι Υπηρεσία Μετανάστευσης. Δεν είμαι Αστυνομία Ηθών.

ΚΑΡΑΜΠΟΥΛΑΤ

(ειρωνικά)

Δέκα μεταναστευτικά γραφεία έχουν φορτώσει πελάτες στο «King Alexander». Πρόπερσι, ένας άριστος συνάδελφος, Ρουμάνος, έστειλε σε κάτι χωριατοπούλες, αντί για φωτογραφίες γαμπρών, φωτογραφίες ηθοποιών του κινηματογράφου.

Ο Νόρμαν παίρνει φόρα και τον αρχίζει στις μπουνιές.

ΝΟΡΜΑΝ
Κοίτα να βρεις λύση για τις πέντε κοπέλες, γιατί αλλιώς δε θα φτάσεις στη Νέα Υόρκη.

Το αίμα από τη μύτη του Καραμπουλάτ βάφει το άσπρο του πουκάμισο.

Ο καπετάνιος φεύγει βιαστικός αφήνοντας την κατάσταση να εξελιχθεί.

61. Κοντά στις λέμβους Γ΄ Θέσης – νύχτα

Η Χαρώ τυλιγμένη μ' ένα σάλι και τους αγκώνες στην κουπαστή. Τα μάτια της στυλωμένα στο σκοτάδι. Τα αυτιά της τεντωμένα στον μονότονο ήχο των κυμάτων. Μ' ένα σιγανό σφύριγμα μιμείται τον ήχο.

Μια θερινή μπόρα αρχίζει.

Ξάφνου κάτι την παραξενεύει και την αναστατώνει. Πέρα στον μαύρο ορίζοντα ένα αλλόκοτο γαλαζωπό φως, μια λάμψη που όλο και μεγαλώνει. Γουρλώνει τα μάτια. Αρχίζει να ψελλίζει μπερδεμένες λέξεις.

ΧΑΡΩ
Άγιε... Άϊ-Νικόλα μου...

Κάνει το σταυρό της. Πέφτει στα γόνατα. Ο Νικόλας με το μούτρο του μπλάβο φαίνεται στο τέλος του διαδρόμου να πηγαίνει βόλτα τα σκυλιά. Ακούει τις ακαταλαβίστικες λέξεις και το «Άϊ-Νικόλα». Τρέχει προς τη Χαρώ.

ΝΙΚΟΛΑΣ

Τι είναι βρε Χαρώ; Τι με θες; Εδώ είμαι... Ο Νικόλας...

Η Χαρώ σηκώνει το κεφάλι της και τον κοιτάζει.

ΧΑΡΩ

(χαμένη)

Ο Νικόλας ο καμαρότος. Ναι, αλλά εγώ είδα τον Άγιο Νικόλα.

ΝΙΚΟΛΑΣ

Πού;

ΧΑΡΩ

(δείχνοντας πέρα στη θάλασσα)

Εκεί.

ΝΙΚΟΛΑΣ

Χαρώ, λάθος κάνεις. Ο Άϊ-Νικόλας είναι προστάτης των ναυτικών. Δεν παρουσιάζεται σε νύφες.

ΧΑΡΩ

Αφού σου λέω τον είδα.

ΝΙΚΟΛΑΣ

Και τι σου είπε;

ΧΑΡΩ

Άκουσα κάτι σαν ψαλμωδία. Άκουσα τον Αντώνη που έψελνε.

ΝΙΚΟΛΑΣ

Ποιον Αντώνη, βρε Χαρώ;

ΧΑΡΩ

Τον άκουσα, σου λέω.

Η Χαρώ λέει τα λόγια του ψαλμού.

ΝΙΚΟΛΑΣ

Χαρώ, ή σου 'στριψε ή έχεις πυρετό. Άντε μέσα και βάλε καμιά κομπρέσα με ξιδόνερο.

ΧΑΡΩ

Είναι που αμάρτησα. Είχα ορκιστεί στον Αντώνη αιώνια αγάπη.

Νικόλα, κρύψε με κάπου. Στις κουζίνες, στις μηχανές. Θέλω να γυρίσω στην Ελλάδα.

ΝΙΚΟΛΑΣ

Και να σε κρύψω, μία μέρα προτού φτάσουμε κάνουμε γενική καθαριότητα μην αρπάξουμε πάλι κάνα πρόστιμο. Θα σε βρουν.

ΧΑΡΩ

Θα παρακαλέσω τον καπετάνιο.

ΝΙΚΟΛΑΣ

(απογοητευμένος)

Σώθηκες.

ΧΑΡΩ

(προσέχοντας το πρόσωπό του)

Χτύπησες.

ΝΙΚΟΛΑΣ

Έπεσα. Άντε μέσα στην παρέα σου.
Άντε στη Νίκη.

Η βροχή δυναμώνει.

Ο Νικόλας δε γίνεται να την αφήσει εκεί. Τη συνοδεύει μέσα.

62. Καμπίνα Καραμπουλάτ – νύχτα

Η Λούντα, η σκύλα, κάθεται στο κρεβάτι δίπλα στον Καραμπουλάτ. Το πρόσωπό του στραπατσαρισμένο. Ξεφυλλίζει ένα χοντρό ντοσιέ με φωτογραφίες αντρών.

ΚΑΡΑΜΠΟΥΛΑΤ

Λούντα μου, για να βρούμε μάτια μου πέντε διαφορετικούς γαμπρούς. Ευ-

τυχώς που έχω πάντοτε ρεζέρβες για
ώρα ανάγκης.

63. Κοντά στις λέμβους, κατάστρωμα Γ΄ Θέσης – νύχτα

Η βροχή συνεχίζεται.

Μόνη η Χαρώ, με τα μαλλιά μούσκεμα, τραγουδάει σιγανά, σχεδόν ψιθυριστά.

ΧΑΡΩ

Ζωή πίκρες με πότισες,
Χαρά δεν έχω νιώσει
Πολλά δεν έχω αγάπη μου
Κι ό,τι έχω σ' το 'χω δώσει.

64. Γ΄ Θέση – νύχτα

Πάνω στα πρόσωπα των κοριτσιών της Σαμοθράκης ακούμε το τραγούδι της Χαρώς που συνεχίζεται από την προηγούμενη σκηνή.

Τελευταίο το σκεφτικό πρόσωπο της σγουρομάλλας.

65. Υπερωκεάνειο «King Alexander» εν πλω – νύχτα

Το τραγούδι τελειώνει πάνω στην εικόνα του «King Alexander» που γλιστράει στη νύχτα, φωτισμένο, μέσα στη βροχή.

ΦΩΝΗ 1ου ΚΟΡΙΤΣΙΟΥ

Νίκη, υπάρχει περίπτωση να μην παντρευτείς τον ράφτη;

ΦΩΝΗ 2ου ΚΟΡΙΤΣΙΟΥ

Να μην έρθεις μαζί μας στο Σικάγο;

66. Γ΄ Θέση – πρωί

Κοντινό στο αποφασιστικό πρόσωπο της Νίκης.

Στο στόμα της δυο φουρκέτες. Μαζεύει τα μαλλιά της κότσο. Το σοβαρό της πρόσωπο κορνιζωμένο στα λευκά φτερά και πούπουλα ενός γιακά.

Πιο κει μερικές νύφες με παραδοσιακές φορεσιές την παρακολουθούν.

Η Χαρώ περιμένει στην είσοδο. Όταν έρχεται ο Νόρμαν, του πιάνει το μπράτσο και οδηγεί το βλέμμα του. Ακούγεται ένα περίεργο μουρμουρητό στο χώρο.

Από μακριά, μέσα στον σκοτεινό κόσμο της Γ΄ Θέσης, ο Νόρμαν διακρίνει μια γυναίκα μ' ένα νυφικό πολύ αλλιώτικο από τα άλλα. Κάνει δυο βήματα.

Αναγνωρίζει τη Νίκη. Την πλησιάζει αργά ανάμεσα από τις γυναίκες που παρακολουθούν αυτό το περίεργο θέαμα.

Τα μάτια της Νίκης και του Νόρμαν συναντιούνται. Κι αυτός χωρίς να πει τίποτα ετοιμάζει τη μηχανή του. Αμίλητη και πολύ περήφανη η Νίκη πετάει το πέπλο της και σκεπάζει το φακό.

Κατόπιν μ' ένα ψαλίδι πατάει ψαλιδιές σ' όλα τα περιττά στολίδια του αμερικάνικου νυφικού. Το μουρμουρητό έχει σταματήσει. Ο μόνος ήχος στην Γ΄ Θέση, είναι ο ήχος του ψαλιδιού.

Ο Νόρμαν, σιωπηλός, τη βλέπει να κόβει τα φτερά, μετά τα φουσκωτά μανίκια ένα ένα, να τραβάει την ετικέτα και να την αφήνει να πέφτει πάνω στο σωρό με τα φτερά.

Έτοιμη επιτέλους, η Νίκη στέκεται ακίνητη κοιτώντας τον Νόρμαν. Με τα μάτια του κολλημένα στα δικά της, ο Νόρμαν ανασηκώνει το πέπλο από το φακό, το ρίχνει στον ώμο του και καδράρει τη Νίκη με τα μαλλιά ψηλά, όμορφη στο μακρύ, απλό πλέον, λευκό φόρεμα.

ΝΙΚΗ
(μέσα από την κάμερα, περήφανη)
Γράψε. Νίκη, 25 χρονώ, Σαμοθράκη.

67. Σαλόνι Α΄ Θέσης – νύχτα

Λαμπρό «αρχαιοελληνικό» ντεκόρ. Οι επιβάτες της Α΄ Θέσης καλοντυμένοι και καλοχτενισμένοι.

Οι εννέα Αμερικάνες χορεύτριες με τους αρχαίους χιτώνες χορεύουν στην πίστα.

Ο Γιώργος ο χοντρός, με στενό μαύρο κουστούμι, στέκεται δίπλα στη μηχανή και στο τρίποδό του τρώγοντας ένα παϊδάκι.

Ο Νόρμαν πιο κει έχει ακουμπήσει σε έναν ψεύτικο κίονα.

ΝΟΡΜΑΝ
(στον Γιώργο)
Γιώργο, η μηχανή σου ήταν η έμπνευσή μου.

ΓΙΩΡΓΟΣ
(μπουκωμένος κλείνει το μάτι)
Δίκαιη μοιρασιά. Εσύ τις εφτακόσιες νύφες της φωτογραφίας, εγώ τις εννέα ξανθές μπαλαρίνες.

Η παράσταση τελειώνει μέσα σε αποθέωση. Ανοίγουν σαμπάνιες. Ο πιανίστας παίζει βαλς.

Ο Καραμπουλάτ με επίδεσμο στο πρόσωπο γλιστράει σαν αίλουρος προς τον καπετάνιο και τον φιλάει στο μάγουλο.

ΚΑΡΑΜΠΟΥΛΑΤ

Μωρέ, ας ζούσε η Μαρούσα σου να σηκωθεί να χορέψει. Έκαιγε καρδιές η θεά. Άντε να ξαναβρείς τέτοια σύζυγο. Που πήξαμε στις πουτάνες...

68. Γ΄ Θέση – την ίδια ώρα

Η Χαρώ ακούει τη Νίκη που διαβάζει άλλο ένα γράμμα.

ΝΙΚΗ

(διαβάζει)

Διατί δεν πιστεύει ο πατέρας σου ότι δεν θα μείνω σακάτης;

Με την δύναμιν του Θεού, εγλίτωσα το πόδι μου. Εσωκλείω την γνωμάτευσιν του ιατρού. Δι' εμέ ο πόλεμος τελείωσε.

Χαρώ μου. Τα παράθυρα μένουν πλέον ανοιχτά. Η άνοιξη μοσχοβολάει. Ίσως του χρόνου, Μάιον μήνα, να είμεθα μαζί εις το νησί.

Η Νίκη διπλώνει το γράμμα και το βάζει στα χέρια της Χαρώς.

Ακούγεται η ορχήστρα του πλοίου που παίζει βαλς. Οι δυο Ρωσιδούλες στον κόσμο τους χορεύουν.

ΝΙΚΗ
Πόσα γράμματα είναι; Τριάντα, σαράντα;

ΧΑΡΩ
Νίκη... μη ζηλεύεις. Δεν έχω ούτε ένα φιλί του στα χείλη μου.

ΝΙΚΗ
Χαρώ, μην ξαναδιαβάσουμε άλλο. Δεν κάνει.

ΧΑΡΩ
Με αυτό τα έχουμε διαβάσει όλα. Ήταν το τελευταίο.

69. Σαλόνι Α΄ Θέσης – νύχτα

Πλήθος ζευγάρια στην πίστα. Ένα από αυτά η Εμινέ και ο Νόρμαν.

ΕΜΙΝΕ
Η Νίκη θα ’πρεπε να είναι εδώ. Στο κάτω κάτω, αυτή έραψε και κέντησε τόσους χιτώνες.

ΝΟΡΜΑΝ
Δεν κατάλαβες τι άνθρωπος είναι; Πολύ περήφανη.

EMINE

Hadi, kizi buraya getir. Άντε να τη φωνάξεις.

ΝΟΡΜΑΝ

Δε νομίζω να έρθει. Κέρδισε είκοσι ένα δολάρια και η Α΄ Θέση τέλος για κείνην. Έτσι είπε.

EMINE

Η Νίκη μου θυμίζει τον εαυτό μου στα νιάτα μου. Δουλειά. Πείσμα. Αντρίκεια δύναμη. Κι όλα αυτά για να ζω στα 60 μου με μια γάτα.

Ο Νόρμαν ξαφνικά σταματάει το χορό και πάει στο τραπέζι του καπετάνιου.

ΝΟΡΜΑΝ

(ανακοινώνει)

Η «ελληνική βραδιά» θα απογειωθεί με τη Χαρώ και το ούτι της.

Καπετάνιε, να τη φέρω στο σαλόνι; Δε διαφωνείτε...

Ο καπετάνιος γνέφει καταφατικά.

Η Εμινέ συλλογισμένη αναστενάζει βαριά. Το χέρι της πιάνει το στήθος της στο μέρος της καρδιάς.

ΕΜΙΝΕ

Ας τη δούμε επιτέλους κι από κοντά πριν απ' το τέλος του ταξιδιού.

ΕΝΑΣ ΜΗΤΡΟΠΟΛΙΤΗΣ

Θεία χάριτι το κορίτσι αυτό είναι προικισμένο με φωνή αγγέλου.

ΝΟΡΜΑΝ

Ίσως καταφέρω και τη νεαρή μοδίστρα, τη φίλη της.

70. Γ΄ Θέση – την ίδια ώρα

Η Χαρώ απλώνει το χέρι της και γρατζουνάει το ΟΥΤΙ. Η Νίκη ακούει.

ΧΑΡΩ

Μόλις έμαθα ότι στον Καναδά δεν υπάρχει καλοκαίρι.

Κλαίει.

ΝΙΚΗ

Ποια σου έκανε την έξυπνη;

ΧΑΡΩ

Ένας του πληρώματος μου το μαρτύρησε.

ΝΙΚΗ

Και;

ΧΑΡΩ
Όλο χιόνι είπε. Αιώνιο.

Γίνεται βαριά σιωπή.

71. Διάδρομος 2 Α΄ Θέσης – νύχτα

Ο Νόρμαν προσπερνάει βιαστικός ένα καλοντυμένο ζευγάρι που τσακώνεται.

72. Γ΄ Θέση – νύχτα

Νίκη και Χαρώ συνεχίζουν την κουβέντα τους.

ΝΙΚΗ
Λένε πως οι Σαμιώτες είναι καλοί άνθρωποι. Θα ζήσεις ήσυχα με τον Κώστα στον Καναδά.

Αλλά η Χαρώ έχει αλλού το νου της.

ΝΙΚΗ
Θα σου γράφω. Κοίτα να μάθεις γράμματα να μου γράφεις κι εσύ...
(απαγγέλλει)
The cruel distance may divide, old fiends of mine, the ties of friendship still abide, unchanged by time.

Βρήκα αυτό το ποίημα στο βιβλίο με διαλόγους που μου έδωσε ο Νόρμαν. Αχ Χαρώ, θα μάθουμε καλά αγγλικά, θα δουλέψουμε. Έξι δολάρια το βδομαδιάτικο. Θα κάνουμε παιδιά.

ΧΑΡΩ
Δε θα παίξουν ποτέ στη Θράκη και στη Σαμοθράκη.

ΝΙΚΗ
Θα σπουδάσουν όμως.
(συνεχίζει με πάθος)
Κι έπειτα αυτός ο Καναδάς, πριν το πάρει χαμπάρι, θα γεμίσει Έλληνες. Έλληνες παντού, να μου το θυμάσαι.

73. Σκάλα πλοίου – νύχτα

Ο Νόρμαν κεφάτος κατεβαίνει δυο δυο τα σκαλιά προς τους χώρους της Γ΄ Θέσης.

74. Γ΄ Θέση – νύχτα

Επιστροφή στις δύο φίλες.

ΧΑΡΩ
Ας ήταν κι αυτός ο ζαχαροπλάστης στο Σικάγο... Ή ο ράφτης σου στον Καναδά... Θα ήμασταν εσύ κι εγώ καθημερινή παρέα.
(και σε λίγο, αβέβαιη)
Να έρχομαι σπίτι σου πού και πού; Ή εσύ στο δικό μου; Στις γιορτές.

ΝΙΚΗ
Θα είμαστε πολύ μακριά.

ΧΑΡΩ

Το ξέρω. Μια Κυριακή στις τόσες, όμως;

ΝΙΚΗ

Πολύ μακριά σου λέω.

ΧΑΡΩ

Πόσο;

ΝΙΚΗ

Θα είμαστε σε άλλες χώρες.

Η Χαρώ συννεφιάζει.

Η Νίκη μητρικά της παίρνει τα χέρια, γέρνει και της ψιθυρίζει.

ΝΙΚΗ

Χαρώ, μη γρουσουζεύουμε τη μοίρα μας. Δώσαμε το λόγο μας.

(μετά, αλλάζοντας τόνο)

Πάει τέλειωσε. Κι ας αγαπάμε άλλους. Και συ κι εγώ.

Η Χαρώ την κοιτάζει στα μάτια.

ΧΑΡΩ

Τα έχω καταλάβει όλα, Νίκη. Έχω δει πώς κοιτάς τον φωτογράφο.

ΝΙΚΗ

Δε φτάνει.

ΧΑΡΩ

... και πώς σε κοιτάει.

ΝΙΚΗ

Ούτε αυτό φτάνει.

ΧΑΡΩ

Φτάνει. Μόνο αυτό φτάνει. Για μένα είναι αργά. Αλλά εσύ προλαβαίνεις. Φύγε μαζί του, Νίκη.

Η Νίκη την κοιτάζει έκπληκτη.

ΧΑΡΩ

Φύγε με τον Νόρμαν, Νίκη. Και ό,τι γίνει.

Η Νίκη κλείνει τα μάτια.

Η Χαρώ στρώνει το ΒΥΣΣΙΝΙ της ΦΟΥΣΤΑΝΙ. Βγάζει τη βέρα της. Τη βάζει μαζί με το πακετάκι με τα ΓΡΑΜΜΑΤΑ του Αντώνη στο καλαθάκι της Νίκης, παίρνει το ΟΥΤΙ της αγκαλιά και κάνει κάποια βήματα.

Προσπερνάει τις ομάδες των γυναικών βαδίζοντας όλο και πιο γρήγορα.

75. Κατάστρωμα Γ΄ Θέσης – νύχτα

Η Χαρώ προσπερνάει δεκάδες ζευγάρια παπούτσια αφημένα για τη νύχτα έξω. Το πρόσωπό της είναι πολύ ήρεμο. Βαδίζει στο διάδρομο σε παράλληλη πορεία με το φεγγάρι.

Από πάνω, από τις ανοιχτές πόρτες των σαλονιών της Α΄ Θέσης, ακούγεται η ορχήστρα να παίζει ένα χορευτικό κομμάτι της εποχής.

76. Γ΄ Θέση – νύχτα

Η Νίκη μαζεύει το πακετάκι με τις επιστολές. Ξαφνικά βλέπει τη βέρα της Χαρώς.

Τρομάζει. Μπήγει μια καυγή.

ΝΙΚΗ

Αχ!

(φωνάζει)

Χαρώ...

Τινάζεται όρθια και τρέχει.

77. Κατάστρωμα Γ΄ Θέσης – νύχτα

Ο Νόρμαν βγαίνει στον εξωτερικό διάδρομο της Γ΄ Θέσης. Μπροστά του στα δέκα μέτρα βλέπει τη Χαρώ με το ΟΥΤΙ στη μασχάλη να ανασηκώνει το φουστανάκι της και να καβαλάει τα ρέλια. Στο βάθος εμφανίζεται η Νίκη που τρέχει προς τη φίλη της με την ψυχή στο στόμα.

ΝΙΚΗ

Μη Χαρώ. Μη...

Νόρμαν και Νίκη ορμούν να την προλάβουν. Μάταια. Η Χαρώ πηδάει στη θάλασσα δίχως ένα κιχ.

ΝΟΡΜΑΝ
(κραυγάζει συγκλονισμένος)
Άνθρωπος στη θάλασσα. Άνθρωπος
στη θάλασσα.

Γυναίκες της Γ΄ Θέσης βγαίνουν στο διάδρομο με κλάματα και ουρλιαχτά.

Το όνομα της Χαρώς σέρνεται σε δεκάδες στόματα.

Εμφανίζεται ένας αξιωματικός που σπεύδει να χτυπήσει τη σειρήνα.

Η Νίκη κρεμιέται στο ρέλι και κοιτάζει τους άσπρους αφρούς μέσα στη νύχτα.

Ο Νόρμαν φοβάται, την πιάνει, την κατεβάζει. Σκύβει κι εκείνος και κοιτάζει κάτω.

Η Χαρώ έχει χαθεί στα νερά, μα το ΟΥΤΙ της έμεινε να πλέει στην τρεμουλιαστή θάλασσα.

Το «King Alexander» αργά συγκρατεί τις στροφές του και σταματάει. Μια σωσίβια λέμβος κατεβαίνει στα σκοτεινά νερά.

Η Νίκη με έκφραση απόγνωσης και σκληράδας παρακολουθεί τις μάταιες, πλην υποχρεωτικές ενέργειες του πληρώματος και τον καπετάνιο που δίνει τις σχετικές οδηγίες.

Η βουρκωμένη Γιελένα απλώνει το μπράτσο της στους ώμους της μοδίστρας.

Πιο κει οι έξι Σαμοθρακίτισσες σφίγγονται η μία πάνω στην άλλη.

Ο Νόρμαν στέκεται δίπλα στη Νίκη και κοιτάζει το στωικό της πρόσωπο. Η Νίκη τον κοιτάζει βαθιά στα μάτια. Τα δικά του είναι υγρά.

78. Υπερωκεάνειο «King Alexander» εν πλω – νύχτα

Το υπερωκεάνειο μέσα στη νύχτα ακινητοποιημένο για κάμποσα λεπτά. Ξαναβάζει μπρος τις μηχανές.

ΜΑΡΚΟΝΗΣ

(ακούγεται η φωνή του)

Απόψε, 17 Ιουλίου 1922, και περί ώραν 11:30΄ μ.μ. η Χαρίκλεια Χατζούδη, του Νέστορος, ετών 20, επιβάτις της Γ΄ Θέσεως του υπερωκεανείου «King Alexander» διαπλέοντος τον Ατλαντικόν με προορισμόν την Νέαν Υόρκην, ριφθείσα εις τον ωκεανόν ηυτοκτόνησεν.

79. Θάλαμος ασυρμάτου – νύχτα

Το φινάλε της προηγούμενης σκηνής.

ΜΑΡΚΟΝΗΣ

Το πλήρωμα κατέβαλε προσπαθείας διά την διάσωσίν της επί ματαίω.

Γύρω του είναι μαζεμένοι μερικοί άντρες του πληρώματος.

Ο Νικόλας κλαίει με λυγμούς.

Η Εμινέ, παρούσα, βγάζει το πακέτο της και τους κερνάει τσιγάρο. Τραβάει και η ίδια μια γερή ρουφηξιά.

ΕΜΙΝΕ

(μονολογεί σιγανά)

Γι᾿ αυτό δε διάβασα το χεράκι σου, πουλί μου.

80. Κατάστρωμα Α΄ Θέσης – χάραμα

Ο Νόρμαν κάθεται άτσαλα πάνω στο σακάκι του. Το πουκάμισό του πεταμένο δίπλα. Δυο άδεια μπουκάλια μπίρας. Γύρω ψυχή. Ο ήχος της θάλασσας. Η φέτα του φεγγαριού.

81. Πλαϊνό κατάστρωμα – σούρουπο

Η Νίκη μόνη, εκεί που κάθονταν συνήθως με τη Χαρώ. Η διπλανή θέση άδεια.

82. Κουπαστή – σούρουπο

Η Νίκη μόνη στα ρέλια. Τα μαλλιά της στον αέρα.

Ο καπετάνιος πλησιάζει σχεδόν αθόρυβα. Τον παίρνει χαμπάρι από το τσαφ του αναπτήρα του καθώς ανάβει τσιγάρο.

ΚΑΠΕΤΑΝΙΟΣ

Πρώτη θα φανεί η Αφροδίτη. Μετά ο Σείριος. Κατόπιν ο Ωρίων. Όταν καλοσκοτεινιάσει φαίνονται και τα μικρά μικρά. Όλα μαζί ταξιδεύουν προς τη Δύση. Έρχονται όλα από την Ανατολή.

ΝΙΚΗ

Από την Ανατολή και τα αστέρια... στη Δύση. Σαν εμάς.

ΚΑΠΕΤΑΝΙΟΣ

Αν θες το ούτι...

ΝΙΚΗ

Δώστε μου το λόγο της τιμής σας, πως κάθε φορά που θα περνάει το καράβι από το σημείο που πνίγηκε η Χαρώ, θα βάζετε τον μάγειρα να βράζει λίγο στάρι. Να πετάτε στα νερά λίγα κόλλυβα στη μνήμη της.

ΚΑΠΕΤΑΝΙΟΣ

Έγινε.

83. Κατάστρωμα Α΄ Θέσης – νύχτα

Έναστρος ουρανός. Αίσθηση ερημιάς.

Κάπου μακριά, ένα ανοιχτόχρωμο μπατζάκι κι ένα ανοιχτόχρωμο παπούτσι κινούνται νευρικά μες στο σκοτάδι. Είναι το λυγισμένο γόνατο του Νόρμαν που ξαπλωμένος σε μια σεζ λογκ είναι βυθισμένος σε σκέψεις. Στο ξύλινο πάτωμα αφημένο ένα μεγάλο χαρτονένιο κουτί Χατζή-Μπεκίρ Λουκούμ.

84. Πλαϊνό κατάστρωμα Γ΄ Θέσης – νύχτα

Η Νίκη κάθεται εκεί που άλλοτε καθόταν με τη Χαρώ. Στο βάθος του διαδρόμου εμφανίζεται μια ανοιχτόχρωμη φιγούρα που στέκεται εκεί.

Ο Νόρμαν. Στη μασχάλη του το μεγάλο κουτί Χατζή-Μπεκίρ Λουκούμ. Με αργά βήματα, έρχεται προς τη Νίκη. Την πλησιάζει. Η Νίκη μαζεύει το πανεράκι της και του ελευθερώνει το κάθισμα.

Ο Νόρμαν κάθεται και γυρίζει προς τη Νίκη. Αφήνει στα χέρια της το κουτί. Γέρνει ελαφρά προς το μέρος της, γυρίζει το πέτο της βγάζοντας μία μία καρφίτσες και βελόνες. Τις καρφιτσώνει στο δικό του. Ζυγίζει τις λέξεις του.

ΝΟΡΜΑΝ

(στα ελληνικά)

S' agapo.

ΝΙΚΗ

Μη.

ΝΟΡΜΑΝ

(στα αγγλικά)

Μα σ' αγαπώ.

ΝΙΚΗ

Μη μ' αγαπάς.

ΝΟΡΜΑΝ

Γιατί;

ΝΙΚΗ

Είμαι Ελληνίδα.

ΝΟΡΜΑΝ

Και;

ΝΙΚΗ

Μη μ' αγαπάς.

10°

ΝΟΡΜΑΝ

Επειδή είσαι Ελληνίδα;

ΝΙΚΗ

Ναι.

ΝΟΡΜΑΝ

Σε σκέφτομαι συνέχεια.

ΝΙΚΗ

Μη.

ΝΟΡΜΑΝ

Σε σκέφτομαι όμως.

ΝΙΚΗ

Σταμάτα.

ΝΟΡΜΑΝ

Γιατί;

Η ματιά της Νίκης στέκεται στη βέρα του Νόρμαν. Φέρνει το χέρι του πιο κοντά της και τεντώνει το δάχτυλο με το δαχτυλίδι.

ΝΟΡΜΑΝ

Έχει τελειώσει.

Βγάζει τη βέρα και τη χώνει στην τσέπη του.

ΝΟΡΜΑΝ

Αύριο φτάνουμε. Και ο ράφτης σου θα σε περιμένει. Ένας άγνωστος άντρας.

ΝΙΚΗ

Η νονά μου ζούσε παλιά στο Σικάγο. Ήξερε την οικογένειά του. Σμυρνιοί.

ΝΟΡΜΑΝ

Νίκη, μην τον ακολουθήσεις.

Παύση.

ΝΙΚΗ

(χαμένη)

Τι θα πει και η Αλεξάνδρα;

ΝΟΡΜΑΝ

Ποια;

ΝΙΚΗ

Δεν ξέρεις για την Ελένη, την αδερφή μου. Δεν ξέρεις για την Αλεξάνδρα, την ξαδέρφη μου.

ΝΟΡΜΑΝ

Πες μου.

ΝΙΚΗ

Είναι μεγάλη ιστορία.

ΝΟΡΜΑΝ

Νίκη, πόσες μεγάλες ιστορίες κουβαλάς;

Σιωπή.

ΝΙΚΗ

(χαμηλώντας τα μάτια)

Ο Πρόδρομος είναι καλός άνθρωπος.

(στα ελληνικά)

Πώς μπορεί να τον κοροϊδέψει η οικογένειά μου για άλλη μια φορά;

Δεν μπορώ να του κάνω τέτοιο πράμα.

ΝΟΡΜΑΝ

Δεν καταλαβαίνω.

ΝΙΚΗ

(στα αγγλικά πάλι)

Είμαι νύφη-αντικαταστάτρια. Στη θέση της αδερφής μου που δεν άντεξε και γύρισε πίσω.

Ο Νόρμαν μένει άναυδος.

ΝΟΡΜΑΝ

(αργά)

Καμιά φορά οι πολιτισμένοι, οι θερμοί, οι γλυκείς Ανατολίτες, με τις γυναίκες τους γίνονται βάρβαροι. Και το δεχόσαστε. Είναι απάνθρωπο, που να πάρει.

ΝΙΚΗ

Πού να καταλάβεις τα δικά μας...

ΝΟΡΜΑΝ

Καταλαβαίνω.

ΝΙΚΗ

Τότε, μη μ' αγαπάς.

ΝΟΡΜΑΝ

Μα σ' αγαπώ. Και, Θεέ μου, πόσο σε θαυμάζω. Νίκη, πώς θα σε χάσω; Και πώς θα σε ξεχάσω; Δε γίνεται πια.

ΝΙΚΗ

Κατάλαβέ με.

ΝΟΡΜΑΝ

Βοήθησέ με.

ΝΙΚΗ

Ο Πρόδρομος περιμένει για δεύτερη φορά. Είναι ζήτημα τιμής.

Κανείς δε θα παντρευτεί αδερφές και ξαδέρφες αν έρθω μαζί σου. Η οικογένειά μου θα βγάλει κακό όνομα. Θα μας λένε πουτάνες.

Ο θείος μου, η ξαδέρφη μου η Αλεξάνδρα, οι δικοί μου θα καταριούνται ο ένας τον άλλο. Πρέπει να πάω στο Σικάγο. Να παντρευτώ τον Πρόδρομο. Για τις γυναίκες της οικογένειας. Τίμιες. Και για τις έξι κοπέλες από τη Σαμοθράκη. Σ' εμένα βασίζονται. Τόσες womens.

ΝΟΡΜΑΝ

Λάθος.

ΝΙΚΗ

Σωστό.

ΝΟΡΜΑΝ

Womens είναι λάθος. Women.

ΝΙΚΗ

Γυναίκες. Είμαστε απλώς γυναίκες.

Σιωπή.

ΝΟΡΜΑΝ

Έχουμε μερικές ώρες ακόμα. Se parakalo. Σκέψου το... Σκέψου το.

Η Νίκη σκεπάζει τα μάτια της με τα χέρια.

85. Κοντά στις λέμβους Γ΄ Θέσης – νύχτα

Σκοτεινοί διάδρομοι.

Η Νίκη με τυλιγμένο το μαντίλι στο κεφάλι, κουρασμένη, βαδίζει πάνω-κάτω σχεδόν παραπατώντας.

Σε μια στροφή ο Καραμπουλάτ της φράζει το πέρασμα.

ΚΑΡΑΜΠΟΥΛΑΤ

Έμεινε κανένα Χατζή-Μπεκίρ λουκούμ και για μένα;

Η Νίκη κοκαλώνει.

ΚΑΡΑΜΠΟΥΛΑΤ

Τι γλυκιά νύχτα! Ήμουνα δίπλα στην κίτρινη λέμβο. Όταν δε με πιάνει ύπνος, βγαίνω στο κατ'άστρωμα και πιάνω τα γεωργιανά τραγούδια.

Σιγοτραγουδάει δυο στίχους.

ΚΑΡΑΜΠΟΥΛΑΤ

(μαλακά)

Άκου με, κυρά. Δε θα τον ξεχάσεις ποτέ. Αυτή θα είναι η τιμωρία σου.

ΝΙΚΗ

(με θάρρος)

Δεν είναι τιμωρία να θυμάσαι κάποιον που αγαπάς. Τιμωρία είναι να τον ξεχάσεις.

Ο Καραμπουλάτ την κοιτάζει στα μάτια και μετά γυρίζει το βλέμμα αλλού.

ΚΑΡΑΜΠΟΥΛΑΤ
(σιγανά)
Εγώ... τιμωρήθηκα.

86. Μέσα σε λέμβο – χάραμα

Χιλιάδες πουλιά από την ακτή, που δεν είναι μακριά. Στην πλώρη, κρυμμένοι μέσα σε μια λέμβο, μισοτυλιγμένοι σε μια κουβέρτα, η Όλγκα και ο Νικόλας.

Μόλις έχουν κάνει για πρώτη φορά έρωτα.

Η Όλγκα του φιλάει τις μαυρίλες που υπάρχουν ακόμα στο πρόσωπο. Ο Νικόλας βγάζει το γυμνό του χέρι από την κουβέρτα. Στη ράχη της παλάμης του δυο πινελιές κόκκινο, το αίμα από τον παρθενικό υμένα της έφηβης Ρωσίδας.

Βγάζει τον βαφτιστικό του σταυρό και τον περνάει στο λαιμό της αγαπημένης του. Σκύβει και πολύ απαλά ακουμπά τα χείλη του στο σταυρουδάκι.

ΝΙΚΟΛΑΣ
Στο διάολο ο νονός μου.

Αλυχτίσματα σκυλιών, που ξαφνιάστηκαν από τα σμήνη των πουλιών.

87. Καμπίνα Νόρμαν – χάραμα

Ακαταστασία στο δωμάτιο.

Ο Νόρμαν αξύριστος, βάζει δυο τελευταίες λέξεις σ' ένα χαρτί. Βλέπουμε το πρόσωπό του.

ΝΟΡΜΑΝ

Για να μη λες ότι εσύ δεν πήρες ποτέ ερωτικό γράμμα.

Ερωτεύτηκα τα χέρια σου, χιλιοτρυπημένα από τις βελονιές, και τα καστανά σου μάτια που δε σηκώνουν αστεία.

Θα ήθελα να είχα τα κότσια σου, αλλά δεν είμαι τόσο άντρας όσο εσύ. Δεν είναι τυχαίο που όλο φεύγω, που όλοι μού φεύγουν.

Νίκη, είμαστε από άλλους κόσμους εσύ κι εγώ, κόσμους που συναντιούνται τυχαία και μοιραία, αλλά δε γίνεται να κολλήσουν.

Είσαι το πλάσμα που θα μου λείπει για πάντα. Νόρμαν.

88. Λουτήρες Γ΄ Θέσης – χάραμα

Στο σκοτάδι ακούμε τη Νίκη να μονολογεί, επαναλαμβάνοντας τα ίδια λόγια.

ΝΙΚΗ

Σκέψου το... σκέψου το.

Ανάβει το κίτρινο φως του λουτήρα.

Η Νίκη μπροστά στον φθαρμένο καθρέφτη της Γ΄ Θέσης. Τα μαλλιά της έχουν ασπρίσει μέσα σε μια νύχτα. Δε θέλει να το πιστέψει. Ένας βαθύς αναστεναγμός της ξεσκίζει τα σωθικά και βγαίνει σαν μουγκρητό. Μαζεύει το κουράγιο της ξανά.

Βγάζει από την τσέπη μια τσατσάρα, χωρίζει τα μαλλιά της στα τρία και τα πλέκει. Μια λευκή πλεξούδα. Σηκώνει το μαντίλι που είναι ριγμένο στον ώμο της και καλύπτει το κεφάλι της.

89. Διάδρομος 1 Α΄ Θέσης – χάραμα

Η Νίκη βαδίζει κλεφτά στο διάδρομο. Σταματάει έξω από την καμπίνα του Νόρμαν. Κοιτάζει τον αριθμό. Απλώνει το χέρι της στο πόμολο. Το τραβάει πίσω. Εξουθενωμένη γέρνει στην πόρτα και ακουμπάει το μάγουλό της δίπλα στο 57.

90. Γ΄ Θέση – ημέρα

Οι Σαμοθρακίτισσες κοιτάζουν ανήσυχες η μία την άλλη.

Η Νίκη πεσμένη στα γόνατα ψάχνει χάμω για βελόνες και κλωστές. Από το μαντίλι της κρέμεται η άσπρη πλεξούδα.

ΧΟΝΤΡΟΥΛΑ

Τι έγινε; Τι έπαθες; Αρρώστησες.
Άσπρισες. Τι σε γέρασε;

Η δεσποινίς Καρδάκη έρχεται βιαστικά στη Νίκη.

ΔΕΣΠΟΙΝΙΣ ΚΑΡΔΑΚΗ

Τι θα πει τώρα ο μέλλων σύζυγος;

Η σγουρομάλλα γονατίζει δίπλα στη Νίκη.

ΣΓΟΥΡΟΜΑΛΛΑ

Συγνώμη, Νίκη.

Της πιάνει το χέρι. Το φιλάει. Της μιλάει στο αυτί.

ΣΓΟΥΡΟΜΑΛΛΑ
Κάνε κουράγιο, Νίκη. Ως τώρα πλέκω κάλτσες. Δεν έχω ανοίξει το στόμα μου. Νίκη, η Αμερική είναι η μόνη μας ευκαιρία. Αρκεί να μείνουμε όλες μαζί. Όπως στη Σαμοθράκη.

Παίρνει βαθιά ανάσα. Από τον κόρφο της βγάζει ένα στρατιωτικό δίκωχο.

ΣΓΟΥΡΟΜΑΛΛΑ
Τέτοιες μέρες, πέρυσι, στις 8 Ιουλίου, έχασα δυο αδερφούς στο Εσκισεχίρ. Νίκησαν και πέθαναν. Ο Γιάννης το απόγευμα, ο Βαγγέλης το βράδυ. Τους ήξερες. Το δίκωχο του Γιάννη μας...

Η σγουρομάλλα φιλάει το καπέλο και το ξαναβάζει στην κρυψώνα του, κατάσαρκα.

Η Νίκη την κοιτάζει. Δεν απαντά. Παίρνει παραμάσχαλα ένα διπλωμένο λευκό ρούχο και ανοίγει δρόμο, να βγει στο κατάστρωμα.

91. Κατάστρωμα Γ΄ Θέσης – ημέρα

Νέα Υόρκη.

Οι μετανάστες κοιτούν μαγνητισμένοι το Άγαλμα της Ελευθερίας. Κάποιοι χειροκροτούν. Άλλοι δακρύζουν. Μερικοί κάνουν το σταυρό τους.

92. Διάδρομος 2 Α΄ Θέσης – ημέρα

Στο χολ οι βαλίτσες και το κλουβί με τη γάτα. Ο Νόρμαν και η Εμινέ αποχαιρετιούνται.

ΕΜΙΝΕ

Τελικά, έκανες θαύματα με τη δανεική μηχανή.

(χαμογελώντας)

Μα αν αποφασίσεις να πουλάς αυτοκίνητα, φύλα μου ένα καλό κομμάτι.

Αγκαλιάζονται.

ΕΜΙΝΕ

Νόρμαν, αγόρι μου, μάζεψε το κουράγιο σου και πήγαινε να την αποχαιρετήσεις.

93. Βενζινάκατος – ημέρα

Όρθιος, ένας εντυπωσιακός τσιγγάνος, βιρτουόζος του κλαρίνου, σκορπάει τη ζωηρή ανατολίτικη μουσική του στο λιμάνι της Νέας Υόρκης.

Βρίσκεται πάνω σε μια βενζινάκατο μαζί με τρεις ακόμη άντρες. Όλοι καλοξυρισμένοι και κουστουμαρισμένοι στα μπλε.

1ος ΑΝΤΡΑΣ

Μακάρι να είχαμε τη φωτογραφία της. Βάστα εσύ την ανθοδέσμη, Πρόδρομε. Έτσι που είμαστε και οι τρεις φαλακροί, θα δυσκολευτεί η χριστιανή να βρει ποιος είναι ο γαμπρός. Και η αδερφή της είχε μπερδευτεί.

Ο Πρόδρομος πιάνει ένα μπουκέτο βιολέτες. Αμήχανος χαϊδεύει το γυμνό του κεφάλι.

2ος ΑΝΤΡΑΣ

Ας ελπίσουμε ότι η μουσική θα την κάνει να δει τον γαμπρό με καλό μάτι.

ΠΡΟΔΡΟΜΟΣ

Μα πώς το έκανα δεύτερη φορά; Την αδερφή της, Θεέ μου...

1ος ΑΝΤΡΑΣ

Σύνελθε αδερφέ. Όλα θα πάνε καλά.

Γύρω τους πενήντα ακόμη βενζινάκατοι φορτωμένες γαμπρούς. Πλευρίζουν το «King Alexander» που σφυρίζει τρεις φορές απανωτά.

Πάνω από τη μουσική του κλαρίνου βλέπουμε εικόνες των γαμπρών: Ένας χτενίζει το μουστάκι και τις φαβορίτες του. Κάποιος άλλος τινάζει την πιτυρίδα από το μπλε σακάκι του. Ένας τρίτος περνάει ένα ανθάκι στην μπουτονιέρα του. Ένας τέταρτος κάνει το σταυρό του. Ένας πέμπτος ξανακοιτάζει τη φωτογραφία της κοπέλας. Κι ένας έκτος πιάνει τα μαλλιά του κι εντελώς ξαφνικά βγάζει την τσατσάρα του και αλλάζει χωρίστρα.

94. Προκυμαία Νέας Υόρκης – ημέρα

Χαμός. Στο ντοκ συνωστίζονται ταξιδιωτικοί πράκτορες, συγγενείς, βαστάζοι, λιμουζίνες, ταξί.

Ένας ντροπαλός άντρας 30-35 χρονών με ξανθό μουστάκι και αραιωμένο μαλλί διασχίζει το πλήθος. Πλησιάζει ένα γκρουπ αντρών, συγκεντρωμένων γύρω από ένα πανό που γράφει:

ΚΑΛΩΣΟΡΙΖΟΥΜΕ ΤΙΣ ΝΕΕΣ ΤΗΣ ΘΡΑΚΗΣ.

Στα χέρια του ένα μπουκέτο ροζ τριανταφυλλάκια.

95. Κατάστρωμα Γ΄ Θέσης – ημέρα

Η Όλγκα, χαρούμενη και ανυπόμονη, ψάχνει για τον Νικόλα. Η Νίκη την πλησιάζει σπρώχνοντας. Στα χέρια της ένα σεντόνι δεμένο μπογαλάκι. Το δίνει στην Όλγκα.

ΝΙΚΗ

Πάρ' το. Το νυφικό της Χαρώς.

Σφίγγει την Όλγκα στην αγκαλιά της.

96. Πλαϊνά πλοίου – ημέρα

Το κλαρίνο συνεχίζει πιο ζωηρό. Οι βενζινάκατοι έχουν πλευρίσει το «King Alexander».

Οι ενθουσιώδεις γαμπροί κουνούν μαντίλια ή τα ψαθάκια τους. Κάποιοι βαστούν ένα ματσάκι κρινάκια.

97. Κατάστρωμα Γ΄ Θέσης – ημέρα

Οι γαμπροί στρώνουν τα κουστούμια τους.

Πλησιάσματα με γυναίκες. Εξονυχιστικός έλεγχος

στις φωτογραφίες, πριν τη θερμή ή όχι χειραψία. Ένας υγειονομικός στέκεται μπροστά τους.

ΥΓΕΙΟΝΟΜΙΚΟΣ

Παρακαλώ, όχι βιασύνες. Θα προηγηθεί ο υγειονομικός έλεγχος στο Ellis Island.

98. Κατάστρωμα Γ΄ Θέσης – ημέρα

Ο άντρας με τα ροζ τριανταφυλλάκια γυροφέρνει ανυπόμονος το βλέμμα του στις αμέτρητες κοπέλες. Πουθενά η δικιά του. Ξανακοιτάζει καλύτερα το πρόσωπό της στη φωτογραφία που έχει στη χούφτα του. Η Χαρώ.

Ένα χέρι τον ακουμπά στον ώμο. Γυρίζει ελαφρά. Ένα χέρι γυναικείο. Του κόβονται τα πόδια.

Ασυναίσθητα σκύβει έτοιμος να φιλήσει απαλά αυτά τα γυναικεία δάχτυλα. Γυρίζει να αντικρίσει το πρόσωπο του κοριτσιού. Ξαφνιάζεται. Δεν είναι η Χαρώ αυτή.

Σηκώνει τη φωτογραφία ψηλά, τη δείχνει στην κοπέλα που στέκεται δίπλα του, χαμογελαστός για το λάθος της να τον πάρει για άλλον.

Η νέα γυναίκα, η Νίκη, κοιτάζει για λίγο σιωπηλή το πορτρέτο της χαμένης φίλης της. Σιγουρεύεται για την ταυτότητα του άντρα.

ΝΙΚΗ

Ο Κώστας. Ο ζαχαροπλάστης.

99. Α΄ Θέση – ημέρα

Όρθιοι ο καπετάνιος, τέσσερις-πέντε άντρες του πληρώματος και η Νίκη.

Στη μέση ο ζαχαροπλάστης Κώστας κάθεται σε μια καρέκλα με το κεφάλι βαρύ, πεσμένο στο στήθος. Στα γόνατά του, τα ροζ τριαντάφυλλα και το ΟΥΤΙ. Στο δάχτυλό του περασμένες δυο βέρες. Μόλις έχει μάθει για την αυτοκτονία της Χαρώς. Κανείς δε μιλάει.

100. Κατάστρωμα Γ΄ Θέσης – ημέρα

Ο Νόρμαν είναι ξυρισμένος και περιποιημένος. Όλες οι κοπέλες γύρω του τον αποχαιρετούν. Του προσφέρουν ταπεινά δώρα, ένα κεντημένο μαντίλι, μια εικονίτσα.

Ψάχνει ανάμεσά τους το πρόσωπο της Νίκης.

Μέσα από σηκωμένα χέρια που κουνούν μαντίλια, ο Νόρμαν εντοπίζει τη Νίκη και η Νίκη τον Νόρμαν.

Σπρώχνοντας, την πλησιάζει. Βλέπει τα λευκά της μαλλιά και μένει άναυδος. Της σπρώχνει λίγο το μαντίλι προς τα πίσω. Κοιτάζονται βαθιά στα μάτια.

Ανοίγει το σακάκι του και της δείχνει το φάκελο στην εσωτερική τσέπη. Το όνομά της στη θέση του παραλήπτη.

Η Νίκη περνάει φευγαλέα τα δάχτυλά της πάνω από το γράμμα μα δεν το παίρνει. Κουμπώνει αργά τα κουμπιά του σακακιού του Νόρμαν. Μένουν ακίνητοι και σιωπηλοί μα σε ένταση.

101. Κατάστρωμα Γ΄ Θέσης – ημέρα

Ξάφνου ο Νόρμαν την πιάνει δυνατά από τον καρπό και σπρώχνοντας το πλήθος, την φέρνει πιο κει, πίσω από κάτι βάρκες. Την κλείνει στην αγκαλιά του.

ΝΟΡΜΑΝ

(αγγίζει τα μαλλιά της)

Τα μαλλιά σου... Τα μαλλιά σου ασπρίσανε.

Της φιλάει τις λευκές τούφες, τα μάτια, τα μακριά ματόκλαδα, τους ώμους.

Η Νίκη πρώτη τολμάει να τον φιλήσει στο στόμα και οι δυο τους χάνονται σ' ένα παθιασμένο φιλί.

ΝΟΡΜΑΝ

Μ' αγαπάς, μ' αγαπάς. Το βλέπω στα μάτια σου.

Η Νίκη ξεκουμπώνει το δεξί μανικετόκουμπο του Νόρμαν, το ρίχνει στην τσέπη του και διψασμένη περνάει την παλάμη της μέσα στο μανίκι του. Αγγίζει το δέρμα του, το μπράτσο του, όσο πιο ψηλά φτάνει το χέρι της.

ΝΟΡΜΑΝ

Νίκη, μην πας μαζί του στο Σικάγο...

ΝΙΚΗ

Δε χρειάζεσαι άλλους ανθρώπους. Σ' αρέσει να είσαι μόνος. Ταξιδεύεις μόνος.

ΝΟΡΜΑΝ

Δεν είναι αλήθεια, Νίκη. Τα τραπέζια τα σκεπάζουν τραπεζομάντιλα, τα παράθυρα κουρτίνες, τους ουρανούς σύννεφα. Το από μέσα είναι, ίσως, αλλιώς.

ΝΙΚΗ

(στα ελληνικά, σχεδόν τραγουδιστά)

Λιγότερο από μια στιγμή
μάτια να κοιταχτούνε
μπορεί να φύγει μια ζωή
να μη λησμονηθούνε.

(στα αγγλικά)

Δεν μπορώ να μεταφράσω. Διάβασε τα μάτια μου.

ΝΟΡΜΑΝ

Καταραμένα εγγλέζικα και καταραμένα ελληνικά. Δεν καταλαβαίνω.

ΝΙΚΗ

Βλέπεις; Εδώ τελειώνουμε, Νόρμαν.

Για πρώτη φορά, δεν μπορεί να συγκρατήσει τα δάκρυά της. Καθώς κλαίει, βγάζει ένα από τα μικρά ΣΚΟΥΛΑΡΙΚΙΑ της. Παίρνει το χέρι του, βάζει το ΣΚΟΥΛΑΡΙΚΙ στην παλάμη του και του κλείνει τα δάχτυλα.

102. Διάδρομος Α΄ Θέσης – ημέρα

Ο καπετάνιος στη θέση του επιβλέπει την αποβίβαση. Στην προβλήτα ο Καραμπουλάτ με το σκύλο του. Η χειρομάντις, η Εμινέ, χώνεται σε μια λιμουζίνα που την περιμένει.

Ο μητροπολίτης υποβαστάζεται από το διάκο του εν μέσω ομάδας ιερωμένων που τους υποδέχονται.

Οι ταξιδιώτισσες της Γ΄ Θέσης επιβιβάζονται κατά ομάδες στο ρυμουλκό της Υπηρεσίας Μεταναστεύσεως που τις μεταφέρει στο Castle Garden στο Ellis Island για ιατρικές εξετάσεις.

Το λιμάνι της Νέας Υόρκης, η αποβάθρα, η κίνηση, οι ουρανοξύστες πίσω.

Ο καπετάνιος γυρίζει προς τον υποπλοίαρχο και τον μαρκόνη, που στέκονται δίπλα του.

ΚΑΠΕΤΑΝΙΟΣ

Πάει κι αυτό.

Ξάφνου, νάσου οι εννέα χορεύτριες και η Μάριον. Τον αποχαιρετούν. Κάποιες του σκάνε ένα φιλί στο μάγουλο.

ΜΑΡΙΟΝ

Κορίτσια, η διασκέδαση τέλος. Επιστρέφουμε στους γάμους μας.

Δίνει το χέρι της στον καπετάνιο.

Οι Αμερικανίδες απομακρύνονται ακολουθώντας τους θαλαμηπόλους που μεταφέρουν τις βαλίτσες, τα βαλιτσάκια και τις καπελιέρες τους.

Ο καπετάνιος γυρίζει στον υποπλοίαρχο και του πετάει κάτι κλειδιά.

ΚΑΠΕΤΑΝΙΟΣ

Μόλις αποβιβαστούν όλοι, άντε στην καμπίνα μου να ξεκλειδώσεις τον μι-

κρό. Έχει κι ένα δώρο πες του. Ένα
καπέλο από τον Νόρμαν Χάρρις.

103. Κατάστρωμα Γ΄ Θέσης – ημέρα

Ο Νόρμαν παρακολουθεί διακριτικά από το πάνω κατάστρωμα.

Η Νίκη κοιτάζει τη φωτογραφία του υποψήφιου συζύγου της. Δέκα μέτρα μακριά της στέκεται κάποιος που του μοιάζει και που ψάχνει ανάμεσα στα πρόσωπα.

Είναι ο Πρόδρομος.

Ο Νόρμαν γυρίζει το κεφάλι του.

Η Νίκη αποφασιστικά λύνει το μαντίλι κι αφήνει να φανεί η λευκή της πλεξούδα. Την παίρνει και τη φέρνει μπροστά, στο αριστερό της στήθος.

104. Προκυμαία Νέας Υόρκης – ημέρα

Ο Καραμπουλάτ αγκαλιά με τη Λούντα διασχίζει το αραιωμένο πλήθος. Πηγαίνει προς τη Νίκη που κρατάει τα λουλούδια, τον Πρόδρομο και τους αδερφούς του.

Η Νίκη τον βλέπει και της κόβονται τα γόνατα.

ΚΑΡΑΜΠΟΥΛΑΤ

(χειρονομώντας)

Ποιος απ᾽ όλους είναι ο ευτυχής γαμπρός;

ΠΡΟΔΡΟΜΟΣ

(χαμογελώντας ταπεινά)

Εγώ κύριε. Πρόδρομος Γιατζόγλου.

Ο Καραμπουλάτ στέκεται δίπλα του. Κοιτάζει διαδοχικά τη Νίκη, τον Πρόδρομο, τη Νίκη, τον Πρόδρομο.

ΚΑΡΑΜΠΟΥΛΑΤ

Λοιπόν...

Η Νίκη παίρνει μια βαθιά ανάσα και περιμένει τη συνέχεια.

ΚΑΡΑΜΠΟΥΛΑΤ

(στον Πρόδρομο)

Έμαθα ότι είσαι καλός ράφτης. Πεθαίνω για λινά κοστούμια. Αν οι δουλειές με φέρουν στο Σικάγο, θα γίνω πελάτης σου.

(και σε λίγο)

Άκου φίλε. Παίρνεις σπουδαία γυναίκα. Καλά στέφανα.

Κάνει μεταβολή και απομακρύνεται.

105. Προκυμαία Νέας Υόρκης – πλαϊνό πλοίου – νύχτα

Ο Νικόλας βγάζει το κεφάλι από ένα φινιστρίνι. Ρίχνει γύρω κλεφτές ματιές. Ψυχή.

Πετάει έξω ένα σχοινί. Σαν αίλουρος αρχίζει να κατεβαίνει. Στα δόντια του το καπέλο του Νόρμαν. Στην κωλότσεπή του φουσκώνει ένα μάτσο χαρτονομίσματα.

Τριάντα μέτρα μακριά κρυμμένη πίσω απο εμπορεύματα τον περιμένει η Όλγκα.

ΟΛΓΚΑ
(ψιθυρίζει χαρούμενη)
Νίκο, Νικόλα, Νικολάι...

106. Γ΄ Θέση – νύχτα

Το αμπάρι άδειο. Χάμω σκόρπια κάτι σκουπιδάκια. Ανάμεσά τους το πλεχτό κόκκινο καλτσάκι της 6χρονης Ρωσίδας.

Από την ανοιχτή μπουκαπόρτα, ο απόηχος της κίνησης που έχει αραιώσει, καθώς και το φινάλε, μοναδικό και σεμνό, σαν σπάνιος λυγμός, του κλαρίνου.

107. Σπίτι Πρόδρομου, Σικάγο – νύχτα

Τρεις πυροβολισμοί.

Ένας γιγαντόσωμος Κρητικός πυροβολεί τα αστέρια. Τριάντα Έλληνες γλεντούν σ' ένα μεγάλο δωμάτιο μετά το γάμο του Πρόδρομου και της Νίκης.

Οι έξι Σαμοθρακίτισσες μαζί με τους άντρες τους φαίνονται ήρεμες και ευτυχισμένες.

Ένας μπουζουξής ψάχνει στις χορδές ένα σκοπό.

Δυνατό χτύπημα στην πόρτα. Ο αδερφός του Πρόδρομου πάει στην είσοδο. Μπαίνει ένας ψηλός άντρας που βαστάει μια λευκή μαξιλαροθήκη. Ενώ αφήνει στην κρεμάστρα το καπέλο και το σακάκι του, ο αδερφός του Πρόδρομου βγάζει το γαμήλιο δώρο από τη μαξιλαροθήκη, ένα μικρό εικόνισμα.

ΑΔΕΡΦΟΣ
Η Κοίμησις της Θεοτόκου... Τι μου
θύμισες, βρε Χρήστο. Η εκκλησία

της ενορίας μας. Η πόλη μας. Το αε-
ράκι της Σμύρνης. Ο μπάτης... Αχ!
Ο μπάτης.

Ο ψηλός, ανήσυχος κοιτάζει γύρω.

ΧΡΗΣΤΟΣ

(σιγανά)

Πάνε αυτά πια. Οι Τούρκοι κάψανε
τη Σμύρνη. Έσφαξαν γυναικόπαιδα.
Το μακαρονοποιείο που δουλεύανε
το μισό μου σόι έγινε στάχτη.
Δεν έχω νέα τους. Θεέ μου.

Πιάνει το κεφάλι του.

ΑΔΕΡΦΟΣ

(δείχνοντας τους άλλους)

Μην το πεις τώρα. Άσε τους αυτή τη
βραδιά.

Το γλέντι ανάβει. Προπόσεις, ευχές και χειροκροτήματα για τον γαμπρό και τη νύφη.

Ένας μπάλος σηκώνει για χορό όλες τις Σαμοθρακίτισσες και τους άντρες τους.

Ο Πρόδρομος χορεύει ωραία κρατώντας μαλακά τη Νίκη από τη μέση. Κοιτάζει το μοναδικό ΣΚΟΥΛΑΡΙΚΑΚΙ στο ένα της αυτί. Η Νίκη το προσέχει. Δεν τη ρωτάει. Ούτε εκείνη του λέει.

Απλώνει το χέρι του και χαϊδεύει τα λευκά της μαλλιά.

108. Ραφτάδικο Πρόδρομου – σούρουπο

Έξω χιονίζει. Μέσα οι τρεις ραφτάδες.

Οι δύο αδερφοί του Πρόδρομου κατεβάζουν τρία παντελόνια από κρεμάστρες, τα διπλώνουν, τα τυλίγουν.

Βάζουν τα παλτά τους και παίρνουν τα ρούχα προς παράδοση.

1ος ΑΔΕΛΦΟΣ

Άντε, καληνύχτα.

2ος ΑΔΕΡΦΟΣ

Αύριο πάλι.

Φεύγουν. Μένει το ζευγάρι. Ο πάγκος του Πρόδρομου. Τόπια με σκούρα υφάσματα, ψαλίδια, κιμωλίες. Χαρτάκια με τα μέτρα των παραγγελιών, καρφιτσωμένα σ' ένα πινακάκι στον τοίχο. Η φωτογραφία των γονιών του. Μια ποδοσφαιρική ομάδα. Μια μεγάλη φωτογραφία της Σμύρνης. Το κτήριο της Σίγγερ στη Νέα Υόρκη με τα σαράντα ένα πατώματα.

Ο πάγκος της Νίκης. Η ραπτομηχανή της. Μασούρια με χρωματιστές κλωστές, ένα-δυο πατρόν, γυναικεία ρούχα σε κρεμάστρες.

Η Νίκη, που έχει κόψει τα μαλλιά κοντά, δοκιμάζει έναν γούνινο γιακά σε μια ζακέτα.

Ο άντρας της έχει τακτοποιήσει τον πάγκο του, να τον βρει καθαρό την άλλη μέρα το πρωί. Σ' ένα καλάθι ξεχωρίζει κομμάτια από πανιά. Πάνω πάνω ένα κίτρινο με κόκκινες βούλες.

ΠΡΟΔΡΟΜΟΣ

Είναι αργά, Νίκη. Ώρα να αφήσουμε τα ψαλίδια. Έχω φτιάξει σούπα και κρυώνει.

ΝΙΚΗ

Ζήτησες μια Ελληνίδα που να μην είναι γκρινιάρα. Νά 'μαι. Δε με πειράζει η πολλή δουλειά. Ίσα ίσα.

ΠΡΟΔΡΟΜΟΣ

Στη Σμύρνη υπήρχε η Αγία Άννα, η Κουρελού, που γιάτρευε από την γκρίνια. Σ' ένα δέντρο, έξω από την εκκλησία, χριστιανοί και μουσουλμάνοι κρεμούσαμε ο καθένας το κουρελάκι του.

ΝΙΚΗ

(σιγανά)

Μου έχουν πει.

ΠΡΟΔΡΟΜΟΣ

Είχα δέσει κι εγώ κάποτε. Ένα γαλάζιο. Ελπίζω η ξαδέρφη σου η Αλεξάνδρα να είναι υπομονετική. Μίλησα στον φούρναρη για κείνη.

ΝΙΚΗ

Σ' ευχαριστώ.

Η Νίκη κλείνει τα ψαλίδια της και γυρίζει προς τον άντρα της.

ΝΙΚΗ

Πρόδρομε...

Περιμένει τα λόγια της.

ΝΙΚΗ

Η Ελένη είναι καλά.

109. Πάρκο στο Σικάγο – ημέρα

Κυριακή. Φθινοπωρινά χρώματα.

Σε ένα παγκάκι η Νίκη και οι λοιπές Σαμοθρακίτισσες στριμωγμένες, οι δύο καθισμένες στα πόδια των υπολοίπων, η μία να γέρνει στον ώμο της άλλης, κάποια να τρίβει τους πρησμένους αστραγάλους της διπλανής της.

Οι τρεις είναι σε προχωρημένη εγκυμοσύνη. Η Νίκη ανάμεσά τους.

Οι γυναίκες σκύβουν η μία πάνω στην κοιλιά της άλλης για να ακούσουν τα μωρά που κλοτσάνε. Μεγάλη στιγμή. Στα μάτια τους αδημονία και γαλήνη μαζί.

Δυο-τρεις περαστικοί κοντοστέκονται με περιέργεια.

Ένας κύριος με μακρύ πράσινο παλτό, χωμένος στο γιακά και στην ομπρέλα του, τις προσπερνά σε απόσταση.

Η Νίκη γυρίζει πίσω και τον κοιτάζει. Έχει κι αυτός κοντοσταθεί και γυρίζει το κεφάλι του. Κοιτάζονται φευγαλέα και ο άντρας ξαναγυρίζει μπροστά του, στο δρόμο του.

Η Νίκη δεν είναι σίγουρη. Είναι ο Νόρμαν;

Αρχίζει να ψιχαλίζει. Κόκκινα φύλλα πέφτουν πάνω στις γυναίκες. Ένα κολλάει στο μάγουλο της Νίκης. Τα δάχτυλά της το σπρώχνουν. Αγγίζουν απαλά το ΣΚΟΥΛΑΡΙΚΑΚΙ. Και μένουν εκεί.

110. Κουζίνα Νίκης – πρωί

Η Νίκη κάθεται στη μικρή κουζίνα της και πίνει τον καφέ της. Χαϊδεύει τη φουσκωμένη κοιλιά της.

Το ροχαλητό του Πρόδρομου ακούγεται καθησυχαστικό από το διπλανό δωμάτιο.

Σηκώνεται και από ένα ράφι παίρνει το κουτί με τα Χατζη-Μπεκίρ λουκούμ που της είχε παραδώσει ο Νόρμαν στο τέλος του ταξιδιού. Το ανοίγει. Μέσα υπάρχουν πολλές φωτογραφίες και πάνω ένα σημείωμα.

«Οι νύφες του King Alexander».

Νόρμαν Χάρρις. Ιούλιος 1922.

Με το μικρό της δαχτυλάκι χαϊδεύει το όνομα του Νόρμαν πάνω στο γράμμα και προφέρει το όνομά του πολύ σιγανά.

111. Δρόμοι στο Σικάγο – ημέρα

Πρωί. Διαβάτες λιγοστοί τυλιγμένοι σε χοντρά παλτά με σηκωμένους γιακάδες.

Κτήρια ψηλά και σκούρα. Αυτοκίνητα. Η Νίκη, χωμένη στο παλτό της, βαδίζει βιαστική.

112. Ταχυδρομείο – ημέρα

Οι υπάλληλοι στη θέση τους. Η Νίκη όρθια σ' έναν πάγκο. Διαβάζει ένα γράμμα, από το γνώριμο πακετάκι της Χαρώς.

ΝΙΚΗ

(ακούγεται η φωνή της)

Το πρωί επάτησα το πόδι μου. Το αισθάνθηκα γερό. Δεν ήθελα να με πρωτογνωρίσεις κουτσόν. Και δυο ώρες μετά, ήρθεν η επιστολή σου με την είδησιν της αναχωρήσεώς σου διά τον Καναδά. Η απελπισία και η πικρία μου είναι ανείπωτες.

Σ' ένα μεγάλο φάκελο τοποθετεί το δεματάκι με τις επιστολές και τη φωτογραφία του Αντώνη. Από την τσάντα της βγάζει το πορτρέτο της Χαρώς που τράβηξε ο Νόρμαν στο ταξίδι.

Κοιτάζει το πρόσωπο της Χαρώς. Χαϊδεύει την κοιλιά της απαλά.

ΝΙΚΗ

(σιγανά)

Αν το μωρό μου είναι κορίτσι, θα το βαφτίσω Χαρώ.

Σ' ένα χαρτί σημειώνει δυο λόγια, κλείνει το φάκελο και γράφει στη ράχη τη σύσταση του φαντάρου.

ΑΝΤΩΝΗΣ ΜΕΜΑΣ – ΣΑΜΟΘΡΑΚΗ-ΕΛΛΑΣ

113. Περίπτερο – ημέρα

Το πορτρέτο της Νίκης εξώφυλλο του περιοδικού *An eye on society*.

Το περιοδικό είναι κρεμασμένο σ' ένα περίπτερο, ανάμεσα σε άλλα της εποχής.

Κίνηση στο πεζοδρόμιο, κόσμος βιαστικός που πάει στον προορισμό του, ήχοι της πόλης.

Τυλιγμένος στο μακρύ πράσινο παλτό του, ο Νόρμαν Χάρρις κοντοστέκεται για λίγα δευτερόλεπτα. Βλέπουμε το μικρό ΣΚΟΥΛΑΡΙΚΙ στο πέτο του.

Γυρίζει και με χαμηλωμένο το κεφάλι, απομακρύνεται καπνίζοντας.

Τ Ε Λ Ο Σ

ΦΩΤΟΓΡΑΦΙΕΣ

Το δέντρο με τα κουρελάκια

Φεύγοντας από την πατρίδα

Στην προκυμαία Wharf

Χαρώ και Νίκη

Καραμπουλάτ

Νόρμαν

Στην Γ' Θέση

Οι ορφανές ταξιδιώτισσες

Χαρώ και Νίκη

Νίκη

Γ΄ Θέση

Καπετάνιος και Εμινέ

Η Μάριον

Η δεσποινίς Καρδάκη με τα ορφανά κορίτσια

Άφιξη

Συναντήσεις

ΣΗΜΕΙΩΜΑ

Ένα τελικό σενάριο μετά από αρκετά χέρια επεξεργασίας είναι σαν ένα καλό πρώτο χέρι μυθιστορήματος.

Στην προετοιμασία, και κυρίως στο γύρισμα της ταινίας, το «ξαναγράφουν» ο παραγωγός, ο διευθυντής φωτογραφίας, ο σκηνογράφος, ο ενδυματολόγος και πάνω από όλους οι ηθοποιοί και ο σκηνοθέτης-καπετάνιος που οδηγεί το ταξίδι στις εικόνες.

Μετά το γύρισμα προσθέτουν τη δική τους γραφή ο μουσικός και ο μοντέρ, που βάζει την τελεία.

Η υλοποίηση είναι και μεταμόρφωση.

Μικρές βοηθητικές σκηνές αναδεικνύονται σε σημαντικές. Ένας κομπάρσος κλέβει την παράσταση σε μια κίνηση πλήθους. Δισέλιδοι διάλογοι στο χαρτί καμιά φορά βγαίνουν πιο εύγλωττοι σε μια ματιά ή μια ανεπαίσθητη χειρονομία του ηθοποιού που έχει πάνω της όλα τα λόγια. Το ανθρώπινο πρόσωπο στο κοντινό πλάνο, ακόμα και σιωπηλό, μπορεί να έχει τη δύναμη της πιο πυκνογραμμένης σελίδας.

Και υπάρχουν και οι αναγκαίες προσαρμογές στις συνθήκες. Η σημερινή Σμύρνη δε θυμίζει την παλιά. Τα σημερινά πλοία δε μοιάζουν με τα πλοία των αρχών του 20ού αιώνα. Τη λύση δίνουν οι ευλογημένες «απάτες» του σινεμά και οι δυνατότητες της τεχνολογίας.

Το σενάριο γυρίστηκε όλο.

Στην ταινία, για λόγους λειτουργικούς, σε ελάχιστες περιπτώσεις άλλαξε η σειρά των σκηνών.

Ό,τι –λίγο– δε χώρεσε στο μοντάζ, θα ενσωματωθεί στο DVD που θα κυκλοφορήσει στην ώρα του.

Για μένα η εμπειρία υπήρξε πολύτιμη.

Πρωτάρα, και γράφοντας, είχα την τύχη να ακούω τις παρατηρήσεις του Μάρτιν Σκορσέζε, της Μπάρμπαρα Ντε Φίνα και της Σίρας Λέβιν.

Και μετά, στο τρίμηνο των γυρισμάτων έζησα μέσα σε ένα πολυπρόσωπο μυθιστόρημα με ζωντανούς χαρακτήρες που κουβαλούσαν χίλιες ιστορίες.

Αν η πεζογραφία είναι άσκηση στη μοναξιά, το σενάριο είναι άσκηση στη συνύπαρξη.

Και πειθαρχία σε ένα στόχο που ενώνει και κινητοποιεί για καιρό έναν ολόκληρο κόσμο.

Ι.Κ.

Το τετράστιχο στη σκηνή 101 είναι του μαντιναδολόγου Αριστείδη Χαιρέτη (Γυαλάφτη).

ΗΘΟΠΟΙΟΙ

Νίκη	: ΒΙΚΤΩΡΙΑ ΧΑΡΑΛΑΜΠΙΔΟΥ
Νόρμαν	: ΝΤΕΜΙΑΝ ΛΟΥΙΣ
Χαρώ	: ΕΥΗ ΣΑΟΥΛΙΔΟΥ
Καραμπουλάτ	: ΣΤΗΒΕΝ ΜΠΕΡΚΩΦ
Καπετάνιος	: ΔΗΜΗΤΡΗΣ ΚΑΤΑΛΕΙΦΟΣ
Εμινέ	: ΑΝΤΡΕΑ ΦΕΡΡΕΟΛ
Δεσποινίς Καρδάκη	: ΕΙΡΗΝΗ ΙΓΓΛΕΣΗ
Μάριον	: ΕΒΕΛΙΝΑ ΠΑΠΟΥΛΙΑ
Νικόλας	: ΑΠΟΣΤΟΛΗΣ ΤΟΤΣΙΚΑΣ
Όλγκα	: ΛΙΖΑ ΚΟΥΖΝΕΤΣΟΒΑ
Γιελένα	: ΕΛΕΝΗ ΡΟΥΣΣΙΝΟΥ
Πρόδρομος	: ΓΙΩΡΓΟΣ ΜΑΚΡΗΣ
Μάνα Νίκης	: ΟΛΓΑ ΔΑΜΑΝΗ
Νονά Νίκης	: ΒΑΓΓΕΛΙΩ ΑΝΔΡΕΑΔΑΚΗ
Θείος Νίκης	: ΓΙΑΝΝΗΣ ΦΑΚΗΣ
Πατέρας Χαρώς	: ΣΤΑΥΡΟΣ ΚΑΛΑΡΟΓΛΟΥ
Παππούς Χαρώς	: ΓΙΑΝΝΗΣ ΤΟΤΣΙΚΑΣ
Ελένη	: ΦΩΤΕΙΝΗ ΚΟΥΝΤΟΥΡΑΚΗ
Κώστας	: ΚΩΣΤΑΣ ΣΟΜΜΕΡ
Αντώνης	: ΓΙΩΡΓΟΣ ΜΠΟΜΠΟΛΑΚΗΣ
Νεαρός φωτογράφος	: ΑΛΕΞΑΝΔΡΟΣ ΠΟΝΤΙΚΑΚΗΣ
Σαμοθρακίτισσες	: ΜΑΡΙΝΑ ΑΝΑΓΝΩΣΤΟΠΟΥΛΟΥ, ΛΗΔΑ ΒΕΪΚΟΥ, ΜΑΡΙΑ ΒΟΪΚΟΥ, ΛΗΔΑ ΜΑΝΙΑΤΑΚΟΥ, ΜΑΡΙΑ ΠΑΝΤΕΛΑΚΗ, ΚΑΤΕΡΙΝΑ ΣΚΟΥΡΛΗ

Ναυτικοί : ΑΝΔΡΕΑΣ ΑΡΒΑΝΙΤΗΣ
ΔΗΜΗΤΡΗΣ ΣΤΡΑΤΑΚΗΣ
ΓΙΩΡΓΟΣ ΚΑΡΑΧΑΝΙΔΗΣ
Φωτογράφος πλοίου : ΓΙΩΡΓΟΣ ΣΟΥΞΕΣ
Αδέρφια Πρόδρομου : ΔΗΜΗΤΡΗΣ ΜΠΕΓΙΟΓΛΟΥ
ΒΑΣΙΛΗΣ ΖΑΦΕΙΡΙΔΗΣ
Γιαγιά Όλγκας : ΒΑΓΓΕΛΙΩ ΣΕΡΔΑΚΗ
Υπάλληλος ξενοδοχείου : ΛΕΩΝΙΔΑΣ ΜΑΝΩΛΙΚΑΚΗΣ

ΚΑΛΛΙΤΕΧΝΙΚΟΙ ΣΥΝΤΕΛΕΣΤΕΣ

Σκηνοθεσία : ΠΑΝΤΕΛΗΣ ΒΟΥΛΓΑΡΗΣ
Σενάριο : ΙΩΑΝΝΑ ΚΑΡΥΣΤΙΑΝΗ
Μοντάζ : ΤΑΚΗΣ ΓΙΑΝΝΟΠΟΥΛΟΣ
Διευθυντής φωτογραφίας : ΓΙΩΡΓΟΣ ΑΡΒΑΝΙΤΗΣ
Μουσική : ΣΤΑΜΑΤΗΣ ΣΠΑΝΟΥΔΑΚΗΣ
Σκηνογράφος : ΔΗΜΗΤΡΗΣ ΚΑΤΣΙΚΗΣ
Ενδυματολόγοι : ΔΑΜΙΑΝΟΣ ΖΑΡΙΦΗΣ
ΕΥΑ ΝΑΘΕΝΑ
Ηχολήπτης : ΝΙΚΟΣ ΠΑΠΑΔΗΜΗΤΡΙΟΥ
Στέντικαμ : ΜΙΧΑΛΗΣ ΤΣΙΜΠΕΡΟΠΟΥΛΟΣ
Σπέσιαλ εφέ : ΑΛΑΙΝ ΛΕ ΡΟΫ
ΖΕΡΟΜ ΦΟΥΡΝΙΕ
Επιλογή κομπάρσων : ΕΛΕΥΘΕΡΙΑ ΔΗΜΗΤΡΟΜΑΝΩΛΑΚΗ
Χορογραφίες : ΜΑΙΡΗ ΤΣΟΥΤΗ
Μακιγιάζ : ΦΑΝΗ ΑΛΕΞΑΚΗ
Κομμώσεις : ΧΡΟΝΗΣ ΤΖΙΜΟΣ

Βοηθοί σκηνοθέτη : Δημήτρης Μπιρμπίλης, Κώστας Αθουσάκης, Μάνος Γαστεράτος, Φιλιώ Στεφανοπούλου, Δημήτρης Παύλου
Σύμβουλος σεναρίου : Σίρα Λέβιν
Βοηθοί διευθυντή φωτογραφίας : Σίμος Σαρκετζής, Χρήστος Δούρος

Βοηθός μοντέρ :	Αντιγόνη Αντζουλή
Τραγούδι :	Ιροντίνα
Φωτογράφοι πλατώ :	Γεράσιμος Νεόφυτος, Νίκος Νικολόπουλος
Αφίσες :	Μαρία Καλοφούτη
Εκτελεστής παραγωγός :	Μάρτιν Σκορσέζε
Παραγωγή :	Μπάρμπαρα Ντε Φίνα, Παντελής Βούλγαρης, Τέρρυ Ντούγκας
Διεύθυνση παραγωγής :	Κώστας Λαμπρόπουλος
Συνεργάτες παραγωγοί :	Δέσποινα Μουζάκη, Μισέλ Ρέι Γαβράς, Χάρης Παδουβάς, Βάλερι Γκόμπος, Σίρα Λέβιν
Παραγωγή :	Cappa Productions De Fina Film Productions, KG Productions, Alco Films
Συμπαραγωγή :	Cinegram S.A. Ελληνικό Κέντρο Κινηματογράφου, C.L. Productions, Odeon, Alpha TV, Lexicon Factory, Filmnet
Με την υποστήριξη των :	Eurimages, ΥΠ.ΠΟ, ΕΟΤ, European Script Fund
Site :	WWW.nyfes.gr
Διάρκεια :	135′
Διανομή :	Odeon

ΤΟ ΒΙΒΛΙΟ ΤΗΣ ΙΩΑΝΝΑΣ ΚΑΡΥΣΤΙΑΝΗ
ΝΥΦΕΣ
ΜΕ ΕΠΙΜΕΛΕΙΑ ΒΑΣΩΣ ΚΥΡΙΑΖΑΚΟΥ
ΣΤΟΙΧΕΙΟΘΕΤΗΘΗΚΕ ΜΕ ΑΠΛΑ, DIDOT & PORSON
ΚΑΙ ΣΕΛΙΔΟΠΟΙΗΘΗΚΕ ΣΤΟ ΕΠΙΤΡΑΠΕΖΙΟ ΕΚΔΟΤΙ
ΚΟ ΣΥΣΤΗΜΑ ΤΩΝ ΕΚΔΟΣΕΩΝ ΚΑΣΤΑΝΙΩΤΗ. ΤΗ ΜΑ
ΚΕΤΑ ΤΟΥ ΕΞΩΦΥΛΛΟΥ ΣΧΕΔΙΑΣΕ Ο ΑΝΤΩΝΗΣ ΑΓΓΕ
ΛΑΚΗΣ, ΤΟΥΣ ΔΙΑΧΩΡΙΣΜΟΥΣ ΕΚΑΝΕ Η COLORNET
ΤΑ ΦΙΛΜ ΤΟ «ΑΝΑΓΡΑΜΜΑ» ΚΑΙ ΤΟ ΜΟΝΤΑΖ Ο ΣΤΑ-
ΘΗΣ ΔΗΜΑΚΟΣ. Η ΠΡΩΤΗ ΕΚΔΟΣΗ ΤΥΠΩΘΗΚΕ ΑΠΟ
ΤΗΝ «ΜΑΡΙΑ ΣΠΥΡΟΥ ΚΑΙ ΣΙΑ Α.Ε.» ΚΑΙ ΒΙΒΛΙΟΔΕΤΗ
ΘΗΚΕ ΑΠΟ ΤΗ «Θ. ΗΛΙΟΠΟΥΛΟΣ – Π. ΡΟΔΟΠΟΥΛΟΣ
Ο.Ε.» ΤΟΝ ΣΕΠΤΕΜΒΡΙΟ ΤΟΥ 2004 ΓΙΑ ΛΟΓΑΡΙΑΣΜΟ
ΤΩΝ ΕΚΔΟΣΕΩΝΚΑΣΤΑΝΙΩΤΗ

ΙΩΑΝΝΑ ΚΑΡΥΣΤΙΑΝΗ

Η κυρία Κατάκη

Διηγήματα

Η Ιωάννα Καρυστιάνη, με την προφορικότητα της αφήγησής της και τους καίριους πυρήνες ζωής που επιλέγει, παρασύρει σε μια περιπέτεια αυτογνωσίας μέσα από το γέλιο, το σαρκασμό και το δάκρυ των ηρώων της.

Γράφοντας, αν όχι καταγράφοντας πιστά, ζωές και ιστορίες, αναπλάθει πρόσωπα που βλέπουμε καθημερινά, πρόσωπα που δεν μπορούμε ή δεν αντέχουμε να δούμε. Κι αυτές οι εικόνες, αυτά τα πρόσωπα ζωντανεύουν, μιλούν, εξομολογούνται, λένε ιστορίες που ξετυλίγονται επιδέξια για να μας τυλίξουν στη μαγεία τους.

ΠΕΠΗ ΡΗΓΟΠΟΥΛΟΥ

Ο αρχαιολόγος λάτρης των μικρών και ταπεινών, ο θαυμαστής των αεροπόρων, η πιστή και αταλάντευτη οραματίστρια της επανάστασης, άνθρωποι σπασμένοι και σπαραχτικοί, μας παρασέρνουν στη χαμηλότονη απελπισία τους. Οι λύσεις που δίνουν είναι γνώριμες: ένα παιδί, το Κόμμα, η τεχνολογία, η τέχνη, το όνειρο, τα όνειρα... Είναι άνθρωποί μας, που μπορούμε να τους αγκαλιάσουμε και να κλάψουμε μαζί τους.

ΓΙΩΡΓΟΣ ΠΑΥΛΑΚΗΣ

ISBN 960-03-1345-8

ΙΩΑΝΝΑ ΚΑΡΥΣΤΙΑΝΗ

Μικρά Αγγλία

Μυθιστόρημα

Η ιστορία διαθέτει ναυτικό φυλλάδιο και ταξιδεύει επί μία εικοσαετία μεταφέροντας θαλασσοφαγωμένους άντρες και θαλασσοφαγωμένες γυναίκες στους μεγάλους ή ασήμαντους πλόες της ζωής, από τη Σουραμπάγια στα βυσσινοχώραφα της Άνδρου, από τα τζεναραλάδικα και τα υπερωκεάνια στη χρυσαφένια αμμουδιά του Νειμποριού και στις ασκήσεις μελαγχολίας μιας παρέας κοριτσιών, από ένα ντοματοπίλαφο στο Μπουένος Άιρες στις πιστές λαρδομούνες που κρέμονται από το στόμα της Μούραινας κι από τις συμμαχικές νηοπομπές κατά τη διάρκεια του δεύτερου παγκόσμιου πολέμου στη Ρίβα και στο λευκό διώροφο των Σαλταφέρων με το τσιγκούνικο ταβάνι, που σαν απλωμένο τουλπάνι έσταζε τους ήχους τού απάνω σπιτιού και μαζί τους ήχους του έρωτα στο πανομοιότυπο κάτω σπίτι, είκοσι τέσσερις λεπτές κυπαρισσοσανίδες που ρήμαξαν ζωές.

ISBN 960-03-1780-1

ΙΩΑΝΝΑ ΚΑΡΥΣΤΙΑΝΗ

Κουστούμι στο χώμα

Μυθιστόρημα

Ο Κυριάκος Ρουσιάς πήγε στην Αμερική στα δεκαπέντε του. Στα σαράντα τρία του μένει στο Γκαίηθερσμπεργκ και δουλεύει στο Φρέντερικ, ερευνητής στο Εθνικό Ινστιτούτο Υγείας. Δεν πολυμιλάει για το σόι του, δεν πολυμιλάει για τα παλιά. Το καλοκαίρι του '98, απροειδοποίητα, επιστρέφει στο χωριό του για πρώτη φορά. Και πέφτει πάνω στον άλλο Κυριάκο Ρουσιά. Ακούει εκείνη τη φωνή που τρυπούσε το ρόδι και ξεφλούδιζε το πετραμύγδαλο. Ψάχνει κάποια Μάρω με μια ελιά σα δάκρυ στην πίσω μεριά της γάμπας. Αναρωτιέται πώς είναι το βλέμμα του ανθρώπου τη στιγμή που παίρνει μια μοιραία απόφαση.

Σελίδες για τις απάτητες διαδρομές του μυαλού.
Για τα απαγορευμένα συναισθήματα.
Για το ίδιο κάρβουνο που καίει δυο άντρες.

ISBN 960-03-2879-X

ΙΩΑΝΝΑ ΚΑΡΥΣΤΙΑΝΗ

Ο Άγιος της μοναξιάς

Μυθιστόρημα

Η Στέλλα Σαλαγιά θέλει να «σπάει» χωρίς θεατές. Ο Σίμος Σεμερτζίδης διορίστηκε στη ζωή με ρουσφέτι. Η Κλαίρη κάνει πέρα όσους χαφιεδίζουν τις δυστυχίες του σπιτιού της. Ο Λεόντιος αφιερώνεται στους πολλούς αγίους της μοναξιάς. Η ακούραστη Μόρφω πιστεύει πως η τρέλα είναι σαλόνι. Ο Ιορδάνης σέρνει στα στενάκια την εργαλειοθήκη του και το πιστεύω του, κανένα ενθύμιο, καμία ανάμνηση, κανένας δικός. Η κατεψυγμένη lady Giannoula ξαναζωντανεύει την πόλη με τα ξεκούρδιστα πιάνα και τις ανεμοφαγωμένες πινακίδες.

Μια ερωτική ιστορία της εποχής μας με σκηνικό και ουσία την παραίτηση και τη μοναχικότητα, που οδηγούν στον εσωτερικό εγκλεισμό σαν το μόνο ασφαλές καταφύγιο του καθενός. Ένας κόσμος που έχει ανάγκη να αγαπήσει ξανά, με κάθε τίμημα, τη ζωή, τον τόπο του, κάτι.

ISBN 960-03-3544-3